Les visiteurs d'Histoire

Du même auteur

Caméra Café, Le guide du bonheur en entreprise, M6 Éditions, 2003.

Les Anecdotes les plus drôles du cinéma, Cherche Midi, 2010.

Petites et grandes histoires du cinéma, Cherche Midi, 2014.

BRUNO SOLO

LES VISITEURS D'HISTOIRE

QUAND L'HISTOIRE DE FRANCE S'INVITE CHEZ MOI

éditions du
ROCHER

Recherche et documentation : Pierre Lévêque

Éditions du Rocher
28, rue Comte Félix Gastaldi – BP 521 – 98015 Monaco
www.editionsdurocher.fr

ISBN : 978-2-268-10610-6
EAN Epub : 9782268106380

Car aimer c'est mieux que l'amour.
À ma femme qui ne cesse de m'inspirer
et à mes enfants qui ne cessent de m'élever.

« Le peuple méprisé bientôt sera méprisable,
estimez-le et il s'élèvera. »
Alain

Conseil : lisez « comme une poule boit,
en relevant fréquemment la tête,
pour mieux faire couler. »
Jules Renard

Juste quelques mots avant de passer à table

« Il est absurde de séparer les gens en vertueux et en corrompus. Les gens sont soit charmants, soit ennuyeux. » C'est en me fondant sur cette désopilante sentence d'Oscar Wilde, certes cynique mais tellement pertinente, que je décidai égoïstement, en plein primo confinement, de m'organiser un « dîner parfait » et donc d'outrepasser les consignes sanitaires sans, bien entendu, me faire pincer par la patrouille.

Problème : comment procéder et qui inviter ? Pourquoi lui et pas elle… et finalement pourquoi eux ? De quelle manière créer une ambiance à la fois canaille et raffinée ? Manger bon mais principalement chaud, boire bien mais millésimé.

Je l'avoue sans vergogne, à l'aune de ces contraintes (sans parler de la vaisselle), je me contente, la plupart du temps, du statut d'invité ravi plutôt que celui d'hôte contrit.

Pieds sous la table, sans autre forme de pression que de voir celle subie par mes amphitryons.

On me le reprocha souvent, au point que je me fis plus rare aux agapes extérieures, moins par mon propre choix que par le leur.

Donc pour résoudre cette pénible équation, j'imaginai impudemment mon banquet idéal avec pour seuls convives… des décédés !

Nonobstant cette déplorable mais commode alternative, le choix de mes commensaux s'avéra tout aussi ardu que s'ils étaient en vie.

En effet, pour respecter à la lettre l'adage d'Oscar, il fallait que ceux-ci soient : volubiles, éloquents, passionnés, exaltés, fous. Respectables comme dissolus, probes ou débauchés, méritants et indignes ! Bref mes morts devaient être diablement vivants !

Et ils devaient aussi résonner avec mon histoire personnelle puisque, après tout, ce dîner devait être le mien. Mon fantasme, mon caprice, ma lubie, ma vanité, ma mégalomanie, mon égotisme absolu.

Pourtant, très vite je m'aperçus que jamais, au grand jamais, vous ne fûtes chacune et chacun aussi assurément et incontestablement conviés naturellement à ce repas. Car mes invités sont les vôtres, ils sont des fragments vibrants de notre histoire commune, d'où que nous venions, qui que nous soyons, quoi que nous fassions.

Alors bienvenue chez vous ! Asseyons-nous et écoutons leur roman incandescent de vérité et de conviction, même si parfois émaillé de quelques mensonges et de fictions que nous éclaircirons, de temps à autre, de précisions inspirées par les découvertes les plus récentes d'historiens et de chercheurs. Afin de tempérer la légende ou de tenter de remettre du discernement, sans jamais la moindre condescendance ou jugement hâtif. Trop d'idées reçues s'avèrent souvent des idées à revoir, il ne s'agit pas ici d'insulter les réalités de demain !

Je vous présente donc : Clovis le méconnu, Éloi le vertueux, Alcuin le curieux, Aliénor l'ardente, Christine la résistante, Michel le rassembleur, Théophraste le hâbleur, René-Robert le perdu, Charles-Geneviève l'ambigu(ë), Louise la passionnée, Georges le déterminé.

Ils sont onze magnifiques, avec moi en humble douzième. Pourquoi douze ?... Parce que treize à table ça fait toujours des histoires, mais pas de celles que nous avions envie de vous raconter.

Clovis Ier
(vers 466 – 511)

Clovis,
l'Inconnu dans la Maison

Je ne suis pas d'un naturel méfiant, mais en temps normal je n'ouvre que très rarement la porte aux visiteurs qui se présentent une hache à la main. Pourtant, aujourd'hui je fais exception pour ce premier convive qui ne l'est pas moins… d'exception.

— Bonjour, moi c'est Bruno, bienvenue à vous dans mon humble chaumière.

— Salut, moi c'est Chlodowech, mais tout le monde m'appelle Clovis, c'est la version romanisée de mon prénom. Et arrête le vouvoiement, parce que moi je vais te tutoyer.

Tandis qu'il entre et dépose sa francisque dans le porte-parapluies, grotesque cadeau de ma tante qui prend soudain toute sa noblesse, je le dévisage. J'ai beau scruter ses traits, encadrés par cette longue chevelure caractéristique des rois francs, je ne le reconnais pas. Normal, Clovis n'a pas de visage. Il n'existe de lui aucune description précise. Pas plus de portraitiste que de témoin direct de ses œuvres et turpitudes.

Je surjoue ma décontraction avec un tonitruant : « Fais comme chez toi, fier Sicambre. » Tandis qu'il se défait et me tend son casque en fer et cuivre ciselés, j'admire sa ceinture ornée de grenats serrant sa tunique à la taille. Il saisit l'inquiétude dans mon regard qui s'est arrêté sur la longue lame de son scramasaxe. Il en empoigne alors le manche en or et me le tend. C'est mieux, il sera à son aise pour s'attabler et je n'en serai que plus rassuré. Car il a la réputation de défourailler à la moindre fâcherie là où d'autres se contenteraient d'une simple bouderie.

Enfin, qui peut jurer de quoi concernant Clovis ? Son existence est nébuleuse, et l'état civil peu disert. Pendant qu'il pénètre dans le séjour, je songe à l'imprudence de recevoir des inconnus du ve siècle chez soi. D'où venait-il, que faisait-il, que voulait-il ? Ne pouvant se montrer certains de rien, les historiens doivent se contenter de conjectures pour tenter de reconstituer un récit vraisemblable. Dénicher quelques aiguilles biographiques dans une botte d'affabulations. Clovis ? L'inconnu le plus célèbre de notre foyer national. C'est pour percer son mystère que je souhaitais l'inviter. Qu'enfin, pour moi, il se mette à table.

Sur les frises de mes manuels scolaires, il occupait toujours l'extrémité. Convié à souper chez moi, il ne sera donc pas déboussolé si je le place en bout de tablée. C'est aussi une manière de l'éloigner des convives les plus sensibles… Car le casting n'est pas sans risque. Cinquante générations plus tard, ses « compatriotes » s'étripent toujours dans la salle à manger autour de son souvenir.

La raison, la prudence, tout me poussait à ne pas inviter l'Oncle Cloclo.

Alors forcément, je l'ai invité.

Les conventionnels se sont écharpés à son sujet à la Révolution. Les historiens ont polémiqué dessus durant tout le XIXe siècle. Puis l'intelligentsia a remis ça en 1996, quand Jean-Paul II est venu célébrer le « 1 500e anniversaire » de sa conversion. Année au cours de laquelle on s'est balancé encore beaucoup d'amabilités dans les dîners en ville, entre « anticléricaux primaires » et « fossoyeurs de la laïcité ».

J'avoue mon plaisir coupable. Républicains contre monarchistes, laïcards contre cathos, gauchos contre réacs… Évoquer Clovis, c'est s'empoigner. Et c'est ce qui me régale chez lui. Clovis est un convive savoureusement infréquentable.

— Quelle ironie, Clovis, que tu sois aujourd'hui dans le même temps le fondateur de la royauté française, le premier de la lignée, et un ferment de discorde nationale.

Il s'en étonne, et s'en agace vigoureusement.

— C'est pourtant bien avec mon baptême en 496 que commence l'Histoire de France, non ?

— Oui, enfin, nous reviendrons sur cette date.

— Pardon ?

Je comprends aussitôt qu'il va me falloir être plus circonspect dans mes commentaires.

— Ce n'est pas aussi simple, Clovis. Pour certains, c'est plutôt en 843, avec le partage de Verdun. Qui, en disloquant l'Empire de Charlemagne, marquerait l'acte fondateur de ce que deviendra la France. D'autres retiennent 987 avec l'avènement éclatant et triomphal des Capétiens, qui met fin au règne des Carolingiens. Quand ce n'est pas, pour quelques-uns, 1793 avec l'étêtement sanguinolent et radical des mêmes Capétiens.

Je le laisse seul face à son incompréhension. Le mystère Clovis incarne finalement bien cette nation qui, mise à part la supériorité de son million de fromages sur le reste de l'Univers, ne trouve jamais de consensus. Pas même sur sa propre date de naissance.

Un comble! Finalement, ce roi des Francs, qu'il soit un envahisseur germanique sanguinaire ou un patriarche élu de la Providence, illustre un trait de caractère spécifiquement français : la passion de la controverse.

L'étendue de notre ignorance à son endroit ouvre un interminable jeu de pistes pour des historiens-détectives. Alors on investigue.

Les archéologues fouillent. Remontent la chronologie des faits. Perquisitionnent les sépultures, comme celle de son père Childéric, retrouvée à Tournai. En tirent des conclusions sur la situation des élites mérovingiennes : tiens... son sceau présente à la fois des caractéristiques barbares et une légende en latin. Font parler un entourage muré dans le silence pendant quinze siècles et qui se met subitement à table, au détour d'une correspondance méconnue. Font mentir les documents officiels qu'on pensait les mieux établis et traquent sans relâche les innombrables faux en écriture. Mais à qui peut-on se fier dans ce Moyen Âge de faussaires et, disons-le sans détour, d'escrocs?

Certes, de nouvelles découvertes lèvent régulièrement un petit coin du brouillard enveloppant le mystère. Et relancent d'autant les débats. Clovis est le protagoniste d'une *Histoire sans fin*.

Ses biographes ne peuvent avancer que des hypothèses pour tenter de remonter un scénario qui, à défaut d'être incontestable, sera plausible. Je lui fais remarquer, sans trop élever la voix, que ses semblables n'ont pas facilité la tâche des chercheurs ; ce n'est pas la littérature qui étouffait les Francs saliens. Et à notre connaissance, lui-même ne s'est fendu que d'une seule lettre.

— Et Grégoire de Tours ? Les dix volumes de son *Histoire des Francs* ? éructe-t-il avec une brusquerie qui me conforte décidemment dans l'idée d'avoir remisé sa hache au vestiaire.

Je savais qu'il allait invoquer l'œuvre de l'évêque Grégoire. Logique, il s'agit de l'une des rares sources couvrant la période, et les historiens l'ont longtemps prise pour argent comptant. Il me faut lui dire, là aussi avec la prudence idoine :

— Le problème avec ton Grand Témoin est qu'il écrit vers 590, soit près de quatre-vingts ans après ta mort !

— Et alors ? Où est le problème ?

— Eh bien il relate les faits sans trop s'embarrasser de leur véracité. Avec une certitude inébranlable, il fait ta biographie en s'appuyant sur une chronologie pour le moins erratique, voire élastique, c'est gênant même pour toi, surtout pour toi.

— Peut-être.

Rasséréné, et puisque je suis lancé sur sa postérité, je continue. La Renaissance viendra ajouter à la confusion, avec la grande mode des falsifications qui, longtemps, égareront les chercheurs.

Résultat, lorsque survient la Révolution, il est célébré par les uns pour un baptême reçu le 25 décembre 496 – la fameuse date sur laquelle nous n'allons plus tarder à revenir – et qui a permis à la France de compter ses bougies. Pendant qu'il est récusé par les autres, qui ne goûtent guère la mystique du sabre et du goupillon. Ni cette rhétorique de la France fille aînée de l'Église, dont ils contestent la maternité.

Profitant de son ébahissement à l'évocation de cette « Révolution », je poursuis, avec une hardiesse qui m'étonne moi-même :

— En pleine déferlante des armées coalisées sur nos sillons abreuvés, tes douteuses origines germaniques ont fait tousser les jacobins. Toi, l'envahisseur d'outre-Rhin, comme les armées des monarchies alliées menaçant la "patrie en danger"... Disqualifié. Et toute la lignée de tes "despotiques" successeurs jusqu'à Louis XVI a été mise dans le même sac. Tes Francs étant démonétisés, ils ont trouvé des Anciens de substitution. C'est à ce moment qu'on a convoqué pour la première fois nos-ancêtres-les-Gaulois, au premier rang desquels Vercingétorix. Un type très convenable, gaulois de souche et résistant à l'occupant, lui. Et ce pugilat intellectuel a perduré tout au long du XIXe siècle, notamment à travers l'enseignement scolaire : monarchie franque contre république gauloise.

Enfin, avant de lui laisser la parole, dont je sens qu'elle s'apprête à jaillir comme un glaive vengeur, je tiens à le rassurer sur sa postérité. La IIIe République finira aussi par revendiquer son héritage, assez commode pour servir, après la défaite de la guerre de 1870, le discours patriotique autour de l'unité du territoire ancestral de la France. Alsace-Lorraine comprise.

Je reprends mon souffle, encore étourdi par mon audace, et lui sers un verre de vin. Après une très longue lampée, il commence.

Il me raconte qu'il est né aux alentours de 466 dans ce que les Romains nommaient la Belgique Seconde, correspondant peu ou prou à la Wallonie actuelle. Vers 481, à la mort de son père Childéric Ier, les Grands de l'un des royaumes des Francs saliens le proclament *rex*. Ils sont établis du côté de Tournai. À la différence des Francs rhénans, installés plus à l'est, autour de Cologne.

Ces Francs sont l'une des tribus germaniques ayant élu domicile sur la rive droite du Rhin. On les repère déjà au Ier siècle sous le terme vague et générique de « Sicambres », qui qualifie les peuples barbares alentour. Des récits légendaires du haut Moyen Âge se plairont à leur attribuer des origines troyennes, une parenté avec le roi Priam. Le peu dont nous sommes certains est qu'ils étaient aux premières loges lors des invasions barbares du Ve siècle.

En tentant de me repasser les vieilles cartes qui couvraient les murs de mes classes de primaire, je comprends mieux ce que Clovis a de fondamental : il est la charnière entre l'Antiquité tardive et le Moyen Âge.

Entre la Gaule romaine et la future société féodale. Je ne peux m'empêcher de l'interrompre. « Qu'est-ce que vous fichiez aux portes de l'Empire ? » Son regard sombre m'inquiète ; vais-je payer cette téméraire foucade ?

Sa première réponse est formulée par une longue et bruyante déglutition de pinard, avant d'accepter ce saut dans le passé. Je me détends, une certaine camaraderie semble s'installer.

Retour au début du ve siècle : après une première vague cataclysmique survenue deux cents ans plus tôt, les grandes marées invasives reprennent. Venus des steppes asiatiques, les peuples barbares mettent cap à l'ouest, les Huns font la course avec les autres : Alains, Goths, Vandales, Burgondes, et j'en passe… Bref, toute une horde tapageuse en direction de cet Empire romain d'Occident, où il a l'air de faire si bon vivre. Et dont la Gaule est le carrefour incontournable.

En 410, Alaric, chef des Goths, met Rome à sac. De leur côté, les Francs sont le plus souvent des auxiliaires militaires : des tribus fédérées, que Rome utilise pour défendre le *limes*, cette ligne fortifiée orientale, sorte de Maginot antique, qui n'est plus que passoire.

« En gros, tes ancêtres étaient les garde-frontières des Romains ! » m'entends-je m'esclaffer. Inconscient que je suis. Il me jette un regard furieux qui me fait comprendre que notre complicité n'est pas encore gravée dans le marbre, et après une nouvelle gorgée de vin, il me recadre.

— Peut-être. Mais c'est ce qui explique la technique militaire avancée des Francs, et notre imprégnation de culture romaine. Tu étais au courant ?

— Non.

— Tu savais que notre fameuse loi salique a été rédigée en latin ?

— Non plus.

— Alors maintenant qu'on a constaté tous les deux ton ignorance, je vais poursuivre.

— Je t'en prie.

Après une très longue virée dans toute l'Europe du Sud, les Wisigoths prennent doucement leurs aises en Aquitaine et en Hispanie, les Burgondes s'installent à la fraîche de part et d'autre de la vallée du Rhône, des Alpes à l'Auvergne, les Ostrogoths villégiaturent tranquillement en Italie, et les Alamans ont déjà pris la mauvaise habitude de se croire chez eux, sur la frange orientale de la Gaule.

En 476, la mascarade impériale prend fin. Odoacre, roi ostrogoth, destitue Augustule Romulus : c'était le dernier Empereur romain d'Occident.

Les Francs saliens, eux, continuent à administrer la Belgique Seconde, mais il semble que leur influence descende bien plus bas, jusqu'à la Loire. Et elle entre en concurrence avec un autre pouvoir qui s'y sent également légitime : celui de Syagrius, héritier d'une milice romaine devenue autonome de fait depuis la chute de l'Empire.

Une fois devenu *rex*, mon invité a dans l'idée de mettre bon ordre à cette cohabitation. Pour éviter d'avoir à guerroyer sur deux fronts, il commence par se mettre au mieux avec les Francs rhénans. Au moyen de la bonne vieille stratégie matrimoniale : grâce à cette princesse de Rhénanie qui lui donnera son premier fils, Thierry.

— Tu dis “cette princesse”. Elle a un petit nom cette princesse ?

— Peu importe. C'était juste une concubine. Et si Grégoire de Tours ne dit rien de plus à son sujet, c'est que ce n'est pas important.

Donc notre Grand Témoin, qui renseigne le lecteur sur le moindre détail, ne fait pas à cette princesse l'honneur d'un prénom. La « concubine » devait vraisemblablement être une épouse, « de second rang » selon la tradition franque. Mais une épouse légitime quand même. En tout cas pas assez pour l'évêque que j'imagine, à l'idée de cette union de rite païen, se signer compulsivement comme un catho intégriste à l'évocation d'un mariage gay dans une mairie communiste.

Peu importe. Clovis survole ces formalités diplomatico-nuptiales et reprend son récit au moment où il envoie contre Syagrius ses soldats d'élite, disciplinés et aguerris. Il l'écrase vers 486 à Soissons. Le chef des Francs peut donc chevaucher jusqu'à la Loire. Sans encombre, car personne ne conteste le nouveau pouvoir. C'est finalement moins une conquête qu'un putsch militaire.

Syagrius quémande l'asile politique chez ses amis les Wisigoths qui tiennent l'Aquitaine. Mais qui comptent bien la garder. Ces derniers le renvoient donc à Clovis, pour ne pas froisser leur nouveau et puissant voisin. Tandis qu'il se ressert du rouge – il va vider ma cave, l'animal – j'essaie de me représenter ce qu'ont pu être ces échanges courtois.

« Cher Clovis, désolés pour le malentendu, on vous renvoie Syagrius, arrivé par erreur chez nous. Bien à vous. »

« Merci, bien reçu ! Du coup je l'ai fait égorger, c'est bon pour vous ? Cordialement. »

Je reviens à lui et à son récit car nous n'avons pas encore abordé un événement majeur : Soissons. Ici se serait joué l'événement le plus commenté – et illustré – de sa vie. Pas de mémoire de Clovis sans évoquer le récipient le plus important de l'Histoire de France (du moins jusqu'à la conquête du Saladier d'Argent par les Mousquetaires version raquettes).

Rappelons que nos Francs sont des barbares polythéistes. Comme leurs voisins Alamans, ils honorent une clique de dieux germaniques chevelus et cloutés, se parent d'une quincaillerie d'amulettes et utilisent les bénitiers comme rince-doigts, voire comme pédiluve pour les plus rustiques. Tandis que les Burgondes, les Wisigoths et les Ostrogoths sont « ariens », des chrétiens partisans de l'arianisme, hérésie un brin baroque portant sur la nature divine du Christ et condamnée en 325 au concile de Nicée – située dans l'Empire byzantin.

Clovis reprend son récit au pillage de la ville qui suit de façon quasi contractuelle toute victoire militaire. L'évêque de Soissons, au milieu des ruines fumantes, l'implore de lui laisser au moins un précieux vase en argent, pièce emblématique de sa cathédrale. Clovis y consent, acceptant ainsi de violer la coutume franque de partage égalitaire des fruits de la rapine. C'est là qu'un guerrier très à cheval sur la procédure syndicale du saccage dénonce ce qu'il faut bien qualifier de détournement de fonds publics. L'indigné frappe même de sa lame l'objet du recel qui en sort très amoché. La chute de l'histoire a lieu un an plus tard. Clovis, lors d'une revue de détail, jette au sol l'arme de ce soldat. Se baissant pour la ramasser, ce dernier n'a que le temps de voir une ombre fugace passer devant le soleil : c'est la hache de Clovis qui vient s'abattre sur le crâne de cette forte tête.

Non seulement je sais que les historiens considèrent cette anecdote désopilante comme historiquement fondée, mais elle est également riche d'enseignements. Je réalise qu'il valait mieux ne pas vexer Clovis en présence de notables, et mesure les précautions à prendre pour la suite du dîner. Tout en jetant un œil vers le porte-parapluies, je bénis à nouveau ma tatie pour ce cadeau aussi moche que salvateur.

Bref, derrière cet être certes vif mais sensible et à l'écoute de ses émotions, se profilait déjà le fin stratège. Il me confirme qu'il a très vite compris l'intérêt de se montrer accommodant avec les évêques de Gaule, clefs de voûte de l'organisation de la vie dans les cités, et seuls éléments de stabilité dans ce Ve siècle bien secoué. Sa carte décisive est d'être devenu le premier roi barbare chrétien et catholique. Le choix de Rome contre les hérétiques ariens. Un choix payant.

Cette victoire a décuplé ses ambitions, alors il poursuit ses chevauchées menées pour conquérir une Gaule encore tellement romaine qu'on y frappe toujours les pièces de monnaie à l'effigie de l'Empereur romain d'Orient. L'Empire... Quand il l'évoque, ses yeux brillent. Rien pour lui n'égale le prestige de feu l'Empire d'Occident. Qui avait unifié la Gaule, de la Belgique à la Méditerranée... Pour qui souhaite s'agrandir, cela donne des idées. Et pas que poétiques.

Nous entrons dans les détails. La poursuite de ses plans passe par un pacte de non-agression avec son homologue burgonde de Lyon, le roi Gondebaud, qui, vers 493, lui donne la main de sa nièce Clotilde. Elle est catholique. Et pas rancunière pour un sou puisqu'elle pratique le pardon. Y compris envers cet oncle qui a tout de même fait assassiner son propre frère, qui n'était autre que le roi et accessoirement son papa. Clovis reconnaît que Clotilde, catholique dans son cœur et dame catéchiste dans son couple, a certainement eu une influence dans sa conversion, lui le païen – et probable polygame... Pas bêcheuse la Clotilde.

Il ne s'étend pas sur son voyage de noces, mais je l'imagine enchanteur, l'emmenant batifoler au sud pour chasser le Wisigoth. Alors que ces hérétiques tiennent toujours la péninsule hispanique et l'Aquitaine, plusieurs raids puissants lui permettent de conquérir la Saintonge (peut-être en 494 ?) et de prendre Bordeaux (pourquoi pas en 498 ?). Puis changement de cap : plein est, il massacre maintenant les Thuringiens du Bas-Rhin. Des Francs, qui lui sont apparentés par sa mère, Basine. Les survivants garderont un souvenir mitigé de cette turbulente cousinade.

Était-ce après ? Avant ? Il ne sait plus trop. En tout cas, il s'en prend aussi aux Alamans menaçant le bassin de

Cologne. Il livre à Tolbiac la bataille fameuse. Il cite encore Grégoire de Tours qui, sans l'ombre d'une hésitation, nous dit que Clovis, avant le coup d'envoi, a annoncé qu'il se convertirait si « Jésus que Clotilde proclame fils de Dieu lui donnait la victoire ».

— Je t'arrête, là. Tu es en train de me raconter la même histoire que celle arrivée à l'Empereur romain Constantin. Quand il a passé son *deal* avec Dieu, avant sa victoire suivie de conversion au pont Milvius, en 312. Je ne sais pas ce qui est le plus incroyable : de telles coïncidences ou le culot de Grégoire de Tours ?

Là, je l'ai coincé. Cependant ma petite gloriole est très vite contrariée par une panique que je tente de dissimuler.

Une longue gorgée en me fixant, puis il repose son verre en cognant le bois de ma table, certes précieuse mais toujours moins que mon crâne.

— Écoute, mon p'tit gars. La véracité, l'emprunt à d'antiques sources, etc. c'est ton problème. Je peux te dire qu'au ve siècle, on ne voit pas les choses ainsi. Le christianisme était assailli de toutes parts et Dieu défendait ses intérêts comme il pouvait !

— OK, admettons, dis-je d'une voix moins audible qu'un murmure au fond d'une cave.

— Merci bien.

N'allant pas nous fâcher pour si peu, nous convenons que Dieu accorde la victoire aux Francs. Comme topé en amont, leur chef se fait baptiser à Reims par saint Remi. Dans la foulée ? Clovis évoque donc 496. Et c'est là que je dois intervenir sur cette fameuse date. Me servant une rasade substantielle de vin, je me lance inconsidérément :

— Cher Clovis, il y a sur le sujet autant d'hypothèses que d'historiens ! Et aucun n'est aussi catégorique que toi. Par exemple, Stéphane Lebecq propose les dates de 507-508.

— Alors va pour ton Lebecq.

— C'est une possibilité, hein. Sache que Michel Rouche, lui, pencherait pour le 25 décembre 499.

— Tu es fatigant. Je prends.

— Mais sans oublier que Bruno Dumézil évoque la possibilité du 24 décembre 505.

Je perçois son net agacement tout en entrevoyant ma tête rouler sur le carrelage de la cuisine avant même le début du dîner.

— Tu sais ce qu'on va faire, Clovis ? On va faire comme Bruno Theis qui ne prend pas parti.

— Ça me paraît judicieux, grogne-t-il.

Sur ce constat partagé d'incertitude, il reprend. Mais, en citant une nouvelle fois les travaux de Grégoire, dont on a compris qu'il maîtrise mieux l'épopée des Francs que le conditionnel. L'évêque de Tours soutient que Clovis est suivi dans le baptistère par trois mille soudards. Je fais un rapide calcul : rapportée au volume de dragées que cela induit – sans compter les petits ballotins brodés – cette information doit être lue avec circonspection.

Mais mon invité tire les bonnes conclusions de cette séquence, fût-elle authentique ou reconstituée. L'important reste l'entrée massive des Francs au sein de l'Église. Une pensée me vient : à l'inverse du scénario de *Soumission* de Houellebecq, ce sont, au ve siècle, les derniers arrivés qui se convertissent à la religion des élites en place et les rejoignent dans la communauté des croyants.

Revenons maintenant à nos moutons car le meilleur est à venir.

Clovis continue de raconter son baptême. Il en arrive à ce passage clef que l'on doit à Hincmar, archevêque de Reims en 876 et auteur d'une hagiographie de son prédécesseur saint Remi. Il raconte qu'« au moment du baptême de Clovis, le diacre apportant le saint chrême, pris dans l'embouteillage des fidèles, ne put arriver à temps. Quand une providentielle colombe descendit du ciel, tenant dans son bec une ampoule remplie d'huile. C'est avec cette huile miraculeuse que saint Remi donna au roi des Francs l'onction ».

Bon, la première pensée qui me vient est que ce fameux archevêque abuse des spiritueux. Mais il est une autre possibilité : qu'il soit un érudit avisé qui veuille donner à la monarchie franque une filiation, celle de l'Ancien Testament. Les rois, en recevant l'onction, l'huile sainte, acquièrent des pouvoirs surnaturels, comme étaient sacrés les rois David et Salomon. Évidemment, c'est une fable. Mais elle est de bonne guerre car on peut ainsi expliquer que le couronnement marque l'entrée en fonction d'un roi, et qu'il tient sa légitimité de Dieu. Devenant ainsi roi de droit divin. Juridiquement, ça se tient, pour le reste…

Nous revenons à des considérations moins métaphysiques. En me réclamant de nouveau à boire – mais qu'est-ce que ça picole un Mérovingien ! –, Clovis me narre les intrigues auxquelles il se livre. En se mêlant des querelles de voisinage. En rendant des services intéressés.

Un coup, il soutient Godogisèle (prénom étonnamment disparu), roi des Burgondes de Genève, contre son frère Gondebaud des Burgondes de Lyon – et auquel je l'avais cru indéfectiblement lié, de par son mariage avec Clotilde. Le gang des Lyonnais est battu, mais leur chef s'échappe et repart au combat en exécutant Godogisèle. Pas de quoi se fâcher pour si peu : il se rabiboche avec Gondebaud, en mariant la rejetonne de son fils Sigismond avec Thierry son aîné. Tout rentre dans l'ordre, les époux se promettant fidélité dans la santé et dans la maladie, pour le meilleur et pour… l'Empire.

Sigismond assiste beau-papa dans son obsession anti-wisigothique primaire, à laquelle se joignent les Francs Rhénans de Clodéric et l'Empereur byzantin Anastase Ier. L'équipée débouche vers 507 près de Poitiers sur la victoire totale de Vouillé. Il insiste sur le fait qu'il a lui-même tué le roi wisigoth Alaric II, comme en témoigne Grégoire de Tours, son envoyé définitivement très spécial.

Là-dessus, les Wisigoths décampent jusqu'aux Pyrénées. Clovis raccroche ainsi l'Aquitaine au *regnum francorum*. Pour terminer la conquête de la Gaule, ne manquent que la Burgondie, la Provence et la Septimanie, dont ses successeurs se chargeront de les soumettre avec une ardeur joyeusement coutumière de l'époque.

Il peut à présent souffler un peu et occuper sa retraite de conquérant avec son loisir de prédilection : l'élagage de son arbre généalogique. Tout ce qui est famille, voisins, amis, et qui pourrait émettre des vues sur un pan du *regnum francorum*, y passe. La prévention exige l'extinction.

— Je sais bien, Clovis, j'ai d'ailleurs commencé une liste. Alors, chez les Saliens, nous avons Chararic & fils. Puis Ragnachar & frères. Chez les Rhénans, Sigebert & fils. Avec ici d'autant plus de raffinement que tu as probablement fait supprimer le père par le fils. Qui n'est autre que Clodéric, le vétéran de Vouillé. Mais enfin, Clovis…

— Et quoi ? Être vétéran confère-t-il le droit de suriner son propre père ?

— Non mais…

— Y'a pas de mais. Clodéric était un parricide, et je l'ai donc châtié.

— D'accord.

C'est vrai, c'est un exercice difficile de juger de l'immoralité des mœurs mérovingiennes depuis notre siècle. Les Francs avaient simplement recours aux expédients de leur époque ; une indicible cruauté qui n'enlève rien à leur indéniable habileté.

Même si, en la matière, l'habileté de Clovis devient un tantinet pathologique.

Sa voix chevrote soudainement. Il me confie avoir connu la solitude. En tient pour preuve le verbatim établi par l'inépuisable Grégoire de Tours, qui, malgré un léger différé d'un siècle, a pris sa déclaration en sténo : « Malheur à moi qui suis resté comme un pérégrin au milieu d'étrangers, car je n'ai plus de parents pour pouvoir m'aider, si l'adversité surgissait. » Le pire des cabotins, et j'en connais, n'aurait pas osé une telle envoilée mélodramatique. Chapeau l'artiste !

— Je précise, mon cher Clovis, que Grégoire, en personne, commente ainsi ta déclaration : "Ce n'est pas par affliction pour leur mort qu'il disait cela, mais par ruse pour savoir si par hasard il pourrait encore en découvrir un pour le tuer." Alors si même ton chaperon patenté l'affirme…

Pris sur le fait, il change de sujet et aborde son bilan.

— N'empêche, au soir de ma vie, j'ai fait du petit royaume de Tournai la puissance dominante de la Gaule. Et aucun autre conquérant n'est venu me remplacer, ni moi ni mes successeurs.

Il a raison d'affirmer qu'il n'y eut pas d'ultime déferlante barbare sur la Gaule ; la saison des grandes marées était terminée. Je ne lui enlève rien de ses mérites de combattant ni de ses ruses diplomatiques. Mais je lui fais remarquer prudemment qu'il a eu aussi, comme le constate le grand médiéviste Georges Duby, la chance d'arriver le dernier.

Je perçois à présent son exaltation, qui n'est pas uniquement due à la énième bouteille qu'il vient d'engloutir. C'est parce qu'il aborde ce jour au cours duquel, depuis Constantinople, l'Empereur Anastase Ier lui a reconnu le titre honorifique de « consul romain », soit le délégué de l'Empereur. Une consécration. C'est l'esprit en paix qu'il peut s'occuper de la charmante ville fluviale qu'il est le premier à choisir pour capitale : Paris. Sur la montagne Sainte-Geneviève, il fait bâtir la basilique des Saints-Apôtres, dans laquelle il est enterré avec Clotilde.

Le lieu s'appelle à présent rue Clovis et, en creusant sous le macadam, on pourrait bien trouver la sépulture du roi franc et de sa sainte et conciliante épouse. Enfouis avec les nombreux secrets inviolés de leurs vies, ils demeurent

Les Inconnus dans la Maison royale de France. Et pourtant, comme dans le roman de Simenon, le grabuge de ces occupants mystérieux fait basculer l'Histoire. À sa mort, en 511, Clovis a dévoré une bonne partie de la Gaule romaine. Mais il n'a pas envisagé de transmettre ce royaume à un dauphin – est-ce si étonnant pour un requin ? –, et le partage se fait donc entre ses héritiers. Thierry, Clodomir, Childebert et Clotaire sortent guillerets de chez le notaire avec chacun leurs tantièmes du patrimoine familial.

Un « Tout ça pour ça ? » m'échappe. Apparaissent autant de royaumes que de frangins. Ça ne le perturbe nullement puisque Clotaire, en Mérovingien avisé, va dessouder les ayants droit pour mieux ressouder le domaine après quelques décennies de banale ultra-violence. Pour que, finalement, la belle unité retrouvée du *regnum francorum* puisse de nouveau voler en éclats à sa mort en 561. Et ainsi de suite à chaque nouvelle génération. Pendant trois siècles, rassembler des royaumes francs fratricides tels que la Neustrie ou l'Austrasie, puis les démembrer consciencieusement au moment de leur décès, devient le passe-temps favori et ordinaire de ses successeurs.

— Dis-moi, Clovis. Tes Francs descendent moins de Priam le Troyen que du Grec Sisyphe, non ?

À défaut de me répondre, le gaillard attaque en soupirant une nouvelle bouteille. On sonne à la porte. Tandis que je me lève pour ouvrir, je songe qu'à côté de ces fratries royales qui s'entremassacrent, une lente évolution a commencé, irréversible. Les Francs de Clovis, les Gallo-Romains et les ressortissants barbares de tout poil fusionneront progressivement dans une nouvelle société. Réunis dans la charité du Christ, mais communiant dans la même fureur hémoglobinesque.

Ce ne sera pas encore notre Hexagone, loin s'en faut. Mais la France n'existerait pas sans ce lointain prologue, écrit par un incertain Clovis.

Saint Éloi
(vers 588 – 660)

Éloi aux mains d'argent

Il a l'air presque gêné d'être là, cet homme en dalmatique – sorte de longue tunique –, sur laquelle il a enfilé une chasuble. Ses cheveux ont subi la tonte, seul demeure un cercle autour d'un crâne nu, comme un donut. Pas de doute, c'est Éloi qui est là.

Il tombe bien. Car j'ai dit que je voulais de l'animation et des éclats de voix à ce dîner, mais pas une reconstitution de la bataille de Vouillé. Donc pour éviter les coups de hache intempestifs, il me fallait asseoir à côté de Clovis un convive à la placide sagesse. Après l'âge de fer, l'âme de bonze.

— Bonjour, saint Éligius.

— Oh de grâce, Bruno, juste Éloi. Éligius est mon prénom latin. Je l'ai adapté en Éloi, à la mode franque.

— Comme vous voulez, Éloi...

— Et je t'en conjure, tutoie-moi, je suis un humble serviteur du Seigneur. Je ne mérite pas tant d'égards.

C'est sûr qu'on n'est pas dans la même ambiance qu'avec mon invité précédent. Pour autant, Clovis et lui se saluent dans une langue que je soupçonne être du bas francique. C'est en quelque sorte un ami de la famille, il a travaillé à la cour de ses arrière-petits-enfants. Et ce sera bien le seul autour de cette table qui pourra baragouiner dans l'idiome d'origine des envahisseurs francs. En effet, le bas francique n'a pas engendré le français, mais se serait plutôt fondu dans la langue de la majorité de la population : le gallo-roman, un usage du latin égratigné par les siècles.

Les présentations faites, Éloi s'adresse à moi :

— Vraiment, Bruno, je ne comprends pas ce qui me vaut l'honneur d'être invité ?

Pour ne pas risquer de vexer l'ombrageux Clovis, je lui confie à voix basse :

— D'abord ton casier judiciaire vierge. Pas d'assassinat de rival, pas de pillage suivi de meurtre de masse… Pour un dignitaire mérovingien, cela fait de toi un être exceptionnel.

Il me regarde, incrédule, je poursuis.

Je lui confie ma fascination pour sa destinée. Issu d'une époque où l'on vit et trépasse sur son lieu de naissance et dans les conditions sociales de départ, lui a sauté d'une existence à l'autre. Artisan, ministre, évêque… Le cours improbable de sa vie fait résonner en moi la corde sensible. Bien plus humblement, j'ai toujours apprécié flâner librement dans différents domaines artistiques. J'en ai conservé le goût des parcours baroques dessinés au hasard des rencontres et des circonstances. Son cheminement est une invitation à pousser la porte de l'inconnu.

Alors je continue à m'enflammer.

— Malgré toutes ces métamorphoses, tu es resté fidèle à ta nature profonde. Partant de ton village natal de Chaptelat, près de Limoges, tu accèdes aux coffres royaux sans arme, ni haine ni violence. Sans jamais faire de croche-patte à un concurrent ou dézinguer un rival à la cour. Aucune mesquinerie de ce genre. Vu les mœurs pour le moins belliqueuses de ton VIIe siècle, tu l'as méritée ta canonisation.

— Mais Bruno, d'où tires-tu tout cela ?

Je plastronne un peu et lâche :

— J'ai mes sources. L'un de tes contemporains nous a tout raconté. Et fiable avec ça, un témoin direct de tes faits et gestes.

— Dadon ?

— Lui-même.

Dadon, c'est son ami et camarade à la cour royale. Six ans après la mort d'Éloi, il entreprend d'écrire sa vie. On a vu plus haut avec l'impayable Grégoire de Tours que les biographes médiévaux et les moines copistes pouvaient être aux manuscrits ce que Photoshop est à une certaine presse. Ils arrangent, enjolivent, subliment. Sauf qu'en l'espèce, les derniers travaux menés sur cette *Vie de Saint Éloi* signée par Dadon tendent à accréditer son authenticité. À l'exception des quelques miracles et incontournables emprunts bibliques dont les chroniqueurs ne peuvent s'empêcher de garnir leurs récits.

Là-dessus, il intervient posément :

— Ne les blâmons pas, cela faisait partie de l'exercice. Il fallait bien rivaliser avec les mythes païens encore très présents dans nos campagnes. Je prends le relais si tu veux bien.

Surmontant sa timidité, il se lance.

Sa naissance remonte à 588, de géniteurs gallo-romains et chrétiens. Ses parents sont des paysans assez à l'aise pour destiner leur fils à l'orfèvrerie, le *job* le plus en vue de l'époque. Après des années plus fastes, l'or s'est sérieusement raréfié en Gaule, et ceux qui le travaillent en tirent la plus grande respectabilité.

D'ailleurs, les orfèvres ne donnent pas que dans la joaillerie, ils se sont peu à peu faits monétaires, c'est-à-dire qu'ils fabriquent des sous. Ce qui relevait d'une prérogative régalienne est devenu, suite au fléchissement de l'autorité centrale, une activité pratiquée par des artisans qui laissent parfois, côté face, leur nom sur les pièces et versent au roi sa quote-part. Reste, côté pile, l'effigie de l'Empereur romain d'Orient, le Byzantin Anastase. Les traditions ont la vie dure : la monnaie, c'est l'Empire, et les rois barbares installés dans les anciennes provinces romaines n'y dérogeront pas.

— C'est assez étonnant, dis-je, que ces barbares restent obnubilés par l'Empire romain qu'ils ont pourtant eux-mêmes déglingué.

— Certes. Mais au moins cette unité monétaire permet-elle de traverser le bassin méditerranéen avec la même bourse.

— Pratique, voilà qui devait faciliter les voyages ?

Goguenard, il réplique :

— Tout à fait. Ne restait plus qu'à passer entre les gouttes des guerres, du brigandage, et si après cela on survivait à la “peste de Justinien” de la fin du VIe siècle, on arrivait en effet à destination.

Ah oui forcément. C'est vrai que j'ai pris un peu vite cette unité monétaire pour une pacifique zone euro ouverte au tourisme. Cette histoire de monnaie m'intrigue et je veux en savoir plus :

— D'où venait toute cette oseille ?

— Plaît-il ?

— Pardon, qui produisait les devises ?

— Au moment où j'apprenais mon métier, on battait monnaie un peu partout : au sein des institutions royales et ecclésiastiques, chez les propriétaires fonciers cossus. Progressivement, les monétaires ont fait à peu près ce qu'ils voulaient. À cause de l'instabilité politique et de son éloignement, la couronne ne recevait plus grand-chose. Les monétaires étaient banquiers, changeurs, et grugeaient sans vergogne sur la teneur en métal de la devise, dont la valeur dégringolait.

Étonnant de constater que certaines « coutumes » traversent allègrement les époques.

Éloi a pour maître Abbon, qui le forme à l'excellence dans son atelier de Limoges. Âgé d'environ 27 ans, il est déjà un orfèvre réputé lorsqu'il quitte son Limousin pour entrer au service de Bobbon… autre ténor de la profession installé à Paris. Dans son souvenir, une petite ville qui, depuis l'Île de la Cité, débordait sur la rive gauche de la Seine. Quelques milliers d'habitants blottis autour de leurs nombreuses églises, dans une agglomération bordée de bois et de marécages et soumise aux caprices d'un fleuve indiscipliné. Sous le charme de cette évocation champêtre, je décide de lui faire grâce des menus changements de la capitale.

En 615, maître Bobbon reçoit une commande du Palais. Elle va faire basculer la vie d'Éloi. Le roi Clotaire II dit « le Jeune », arrière-petit-fils de mon cher Clovis, vient de s'installer à Paris. Deux ans plus tôt, il a réunifié sous son autorité l'ensemble du *regnum francorum* et veut s'asseoir sur un trône, celui d'unique roi des Francs. Le siège royal ne peut être qu'en or, et conçu par un artisan renommé.

— Attends, Éloi, pas si vite, rembobbonons… pardon… rembobinons une seconde ; les Mérovingiens c'est compliqué. Qui est-ce, Clotaire "le Jeune" ?

— Oh, personnellement, je l'aurais surnommé Clotaire "le Rescapé". Parce qu'il est quasiment le seul de sa famille élargie à être passé entre les dagues. Je vais t'expliquer mais je te préviens, ça secoue. Non merci, pas de vin.

Sa main avancée au-dessus de son verre, mon bras est resté en suspens. Tant pis, cette rasade sera pour moi. Apparemment j'en aurai besoin pour supporter cette rétrospective.

Il revient en 561, à la mort de ce Clotaire Ier qui avait laissé un royaume franc réunifié. Celui de son père Clovis, augmenté de la Burgondie et de la Provence. Jusque-là j'avais saisi. Surtout, j'avais compris que tout serait tellement plus simple si les Mérovingiens étaient fils uniques… Contrairement à la République, la royauté franque est multiple et divisible. Le royaume de Clotaire Ier est donc partagé entre ses fils Caribert, Gontran, Chilpéric et Sigebert. Le premier est à peine décédé en 567 que son territoire est dépecé par les autres. Restent en lice Gontran, roi des Burgondes, Chilpéric, maître de la Neustrie à l'ouest, et enfin Sigebert, roi d'Austrasie à l'est.

Sigebert est marié à Brunehaut, la magnifique fille d'Athanagilde, roi des Wisigoths. Chilpéric a flairé le filon et, en 568, il épouse Galswinthe, la sœur de Brunehaut, pour tirer lui aussi les bénéfices de l'alliance avec le Wisigoth qui domine la péninsule ibérique. Ce n'est peut-être pas la paix dans les ménages, mais ça l'est dans la fratrie.

Et un an plus tard, chassez le naturel, c'est la guerre totale.

La mèche est allumée dès la fin de l'année 568, lorsque l'on retrouve Galswinthe malencontreusement étranglée dans son lit. Mais Chilpéric reprend vite du poil de la bête en épousant sa maîtresse Frédégonde, après un douloureux veuvage de quelques jours.

Personne n'est dupe, et c'est d'ailleurs pour obtenir les réparations promises à Brunehaut, sœur de feu Galswinthe, que son mari Sigebert entre en guerre. Chilpéric, d'abord en difficulté, rééquilibre habilement la situation en assassinant tout de go son frérot Sigebert en 575. L'engrenage meurtrier de la faide est lancé.

— Tu parles d'une fête !

— Non, la faide. C'est, me dit-il, la déclinaison germanique de la vendetta interfamiliale. On ne sait plus toujours pourquoi on s'entretue, mais il y a toujours une vengeance en instance. Celle-ci va perdurer pendant plus de quarante ans…

— Et *quid* de l'autre frangin, le Gontran là ?

— Ah, celui qui règne sur la Burgondie. Lui et ses successeurs vont jouer un rôle trouble entre les deux clans ; tantôt les arbitres intéressés, tantôt les alliés de circonstance.

Il continue tandis que je griffonne un schéma pour tenter de m'y retrouver dans ce fatras de patronymes aussi extravagants qu'improbables, de coalitions tumultueuses et de félonies ordinaires. Au beau milieu de cette guerre civile, le futur Clotaire II naît en mai 584 en Neustrie. Les mois suivants, il fait ses premières dents alors que son père, le roi Chilpéric Ier sus évoqué, est sauvagement assassiné à son tour. Puis, sous la menace de l'infanticide préventif planant au-dessus de tout héritier mérovingien, son existence est dissimulée par sa mère Frédégonde. Maîtresse devenue épouse officielle et finalement jeune veuve. Bref, une enfance franque heureuse, sereine et sans histoire.

Aucun détail ne m'est épargné de cette période de meurtres, guerres, trahisons, incestes, retournements d'alliances, vengeances sauvages. J'ouvre la fenêtre pour faire rentrer un peu d'air et rafraîchir l'atmosphère, mais Éloi continue son récit sur les deux grandes protagonistes de l'époque, les veuves Frédégonde et Brunehaut. Régentes aux commandes, déterminées, stratèges, dénuées de scrupules, elles se livrent une guerre dont la brutalité leur vaudrait les éloges de leurs défunts maris. Entre deux haut-le-cœur, il me revient que l'Histoire s'est souvenue d'elles comme des « Reines diaboliques ».

Après l'« épopée » sanglante de Clovis, ces horreurs commencent à me donner des hallucinations. C'est au moment où je vois mon salon jonché de corps découpés et hachés menu, que je l'interromps.

— Je crois que j'ai compris le principe, Éloi. Si on en venait directement à l'épilogue ?

— D'accord. Cette séquence a pris fin en 613, quand les Grands d'Austrasie ont trahi Brunehaut et l'ont livrée à Clotaire II.

— Voilà, très bien. Ils ont bien fait, basta !

— Ce qui a permis à mon futur roi d'envahir leur territoire et de restaurer l'unité du royaume franc.

— Merci Éloi, merci. Content que cela se termine bien.

Il me précise quand même qu'après l'avoir torturée trois jours et lui avoir fait subir mille outrages, Clotaire II achève sa tante Brunehaut avec ce folklore typiquement mérovingien qui consiste à l'attacher à la queue d'un cheval fougueux, histoire d'en finir avec panache.

Tandis qu'il se verse un verre d'eau minérale et que je pars à la recherche du bicarbonate, je réalise qu'au regard des mœurs politiques mérovingiennes, *Game of Thrones* c'est *L'Île aux enfants*.

— Mais dans quel milieu as-tu mis les pieds ?… Bref, Clotaire II te commande un trône.

— Oui. Il me donne de l'or et un délai pour la confection.

— Et tu le livres. Après avoir écrit à ta maman et embrassé une dernière fois tes proches ?

— Écoute, cela s'est très bien passé. J'ai tenu les délais et le roi était ravi des trônes.

— Pourquoi dis-tu *des* trônes ?

— Parce qu'il y avait assez d'or pour en fabriquer deux. Du coup, j'en ai fait un second.

Son destin s'est joué sur cette honnêteté quasiment excentrique. Tout Éloi est là. Contrairement à nombre de confrères avides, il n'a pas tiré prétexte des « morsures de la lime » ou de « l'ardeur du feu » pour grappiller de supposées pertes de métal précieux. Donc deux trônes, Sire.

Le roi tombe des nues. Un orfèvre intègre… Est-ce un saint ou un idiot ? Clotaire ne tergiverse pas : il exige que ce spécimen rare reste à la cour. Puisque Éloi excelle dans le travail de l'or, il va être servi. La mission de contrôler, gérer et exhiber le trésor royal réclame justement les soins d'un spécialiste. L'artisan de Chaptelat devient contrôleur des mines et métaux, maître des monnaies.

— Le roi devait avoir une solide confiance en toi. Je comprends qu'il ait voulu faire de toi un antrustion.

Je sens que l'évocation de ce terme dérange mon invité, car il qualifie le compagnon lié au roi par un vœu d'obéissance et de soutien en toutes circonstances. Une appartenance au premier cercle des fidèles. Ce qui est un honneur autant qu'un sacerdoce. Dans sa *Vie de Saint Éloi*, Dadon narre un épisode à ce sujet.

— Allez, raconte-moi.

C'est « vraiment pour me faire plaisir » qu'il s'exécute.

Le roi veut donc en faire un antrustion et le convoque pour prêter serment sur les saintes reliques. Éloi se sent trop humble devant Dieu ; aussi, il refuse de jurer devant l'Éternel. Clotaire insiste, Éloi résiste. Et le roi abandonne, bluffé par cette piété qui contraste tant avec la tartufferie de ses courtisans débauchés. Sa probité vaut à Éloi la confiance absolue et définitive du monarque, qui le nomme grand argentier du royaume.

Je le remercie chaleureusement pour cette confession qui force sa nature de grand modeste. Et me contente d'en rester là, même si je brûle de savoir ce qu'il pense de l'explication alternative proposée par Michel Rouche. Nettement moins mélodramatique mais tout aussi significative de son humilité, ce spécialiste des Mérovingiens avance que, d'après la culture gallo-romaine d'Éloi, un simple serment suffisait, et qu'il ne comprenait pas bien l'intérêt de tout ce décorum…

Nous reprenons le cours de sa vie. Il a rang de ministre mais continue d'exercer ses talents d'orfèvre. Il orne les tombeaux et les châsses d'une longue série de saints prestigieux : saint Denis, saint Martin, sainte Geneviève, la patronne de Paris, enterrée sous la basilique des Saints-Apôtres, aux côtés de son ami Clovis. C'est l'orfèvre du Gotha chrétien.

En 629, Clotaire II meurt. Dans son lit, ce qui pour un roi mérovingien est presque aussi surprenant que décevant. Il a deux fils, Dagobert et son demi-frère Caribert. Clotaire envoie Dagobert gouverner l'Austrasie, sous la tutelle d'Arnoul de Metz et Pépin de Landen, des aristocrates du cru qui deviendront ses précepteurs. Rompu aux affaires de l'État et à la cuisine politique, Dagobert l'Austrasien roule son demi-frère Caribert, et ne lui laisse que l'Aquitaine. Dont il prend possession dès sa mort, en 632, après s'être occupé d'éteindre sa lignée. Toujours le fameux principe de précaution mérovingienne.

Dagobert et saint Éloi. Je ne peux pas lui cacher plus longtemps.

— Éloi mon ami, je dois t'avouer un truc. La raison pour laquelle ton nom rappelle quelque chose à la majorité de mes contemporains tient surtout à une chansonnette.

— Oh c'est charmant. Chante, pour voir ?

— Je ne sais pas si c'est nécessaire, tu sais ce n'est pas tout à fait de la chanson à texte et…

— Si, vas-y, cela m'intéresse.

Les yeux sur mes pompes, j'entonne sans conviction :

« Le bon roi Dagobert
A mis sa culotte à l'envers ;
Le grand saint Éloi
Lui dit : Ô mon roi !
Votre Majesté
Est mal culottée.
C'est vrai, lui dit le roi,
Je vais la remettre à l'endroit. »

— Mais, Bruno… C'est affligeant.

— Je sais. Et je t'épargne les vingt-trois strophes suivantes.

Je n'aurais pas dû céder. Je savais pourtant qu'Éloi n'était pas un grand turlupin.

— Éloi, je te jure sur la tonsure de Dadon que ce n'est pas toi qui es visé par cette comptine composée peu avant la Révolution pour se moquer du roi Louis XVI, en revanche elle confirme l'étroitesse de tes liens avec Dagobert.

En effet, le dernier des grands rois francs ambitionne d'importantes réformes pour son royaume. Éloi lui est devenu indispensable ; il reçoit le portefeuille des Finances et devient son ministre le plus influent. Et moi j'ai grande envie d'entendre mon invité, que je sens apaisé, en parler, après ce petit moment de stupeur auditive.

Il reprend donc avec Dagobert qui a choisi de consacrer Paris comme capitale, et de donner à l'Île-de-France un rôle central. Où il s'établit le plus souvent à Clippiacum, qu'on appelle aujourd'hui Clichy-la-Garenne.

Éloi m'emmène maintenant à la cour de Dagobert.

On y croise des prédicateurs, des moines et de futurs évêques… dont certains sont d'anciens otages enlevés par Clotaire II aux grandes familles du royaume afin d'encourager leur esprit d'obéissance. Il règne dans le palais du souverain un esprit de débauche dont le roi donne le meilleur exemple avec ses amours tous azimuts qui font scandale dans toute la Chrétienté.

Malgré ce climat pour le moins pernicieux, Éloi se fait rapidement un ami : Dadon. Lui non plus ne goûte point ce genre de débordements.

Plus qu'à un ami, Dadon s'apparente vite à un frère. Tous deux ne sont pas entrés dans les ordres qu'ils vivent déjà en moines. Ascèse, prière… chasteté.

— Allez Éloi, avoue. Même pas une amourette ? Une petite tocade ?

— Jamais, Bruno, répond-il outré. Nous ne faisions que vivre en phase avec les préceptes de l'Église.

— Qui prohibait tout acte charnel.

— Oh tu abuses. Seulement les mercredis, vendredis, dimanches, pendant les trois carêmes annuels, ainsi qu'avant, pendant et après les fêtes religieuses.

— En effet, j'abuse un peu.

De plus, nos deux bonnets de nuit, dont la morale rigoriste agace déjà leurs pairs, deviennent franchement désobligeants avec leurs œuvres philanthropiques. Car Éloi m'apprend qu'ils jeûnent et distribuent pain et vin aux démunis. Celui-ci allant jusqu'à vendre ses effets personnels – voire s'endetter ! – pour racheter des esclaves et les affranchir, dans un palais où l'on affirme son rang par le nombre d'êtres serviles possédés. C'est une provocation, que d'aucuns vivent très mal.

Inutile de préciser que de tels gâche-métier ne se font pas que des amis.

— Jacques Duquesne, qui t'aime beaucoup et a écrit une magnifique biographie sur toi, résume l'opinion majoritaire à la cour : "Les saints on les aime sous forme de reliques. Mais vivants, ils dérangent."

Cette chicane, loin de le perturber, ne lui fait pas perdre le fil du récit des années Dagobert.

Le *regnum francorum* étant unifié et jouissant d'une paix relative, Dagobert réorganise l'administration de son royaume en s'appuyant sur des comtes, qu'il nomme. Avec son garde des Sceaux, Dadon, il améliore la justice en introduisant plus d'impartialité dans les jugements.

Éloi, lui, est missionné pour mener un projet d'ampleur : reprendre le contrôle des finances du royaume. Dagobert a constaté son efficacité lorsqu'il s'est agi de remettre en ordre l'atelier de monnaies royales de Marseille, dont la production s'était mystérieusement tarie. L'orfèvre-monétaire ayant prestement réorganisé la frappe, son patron a maintenant besoin qu'il applique ses recettes à l'ensemble du royaume.

La situation est désastreuse. La monnaie est émise de façon anarchique et sa valeur s'est dépréciée. Éloi, qui s'est adjoint les services de Didier, un jeune aristocrate aquitain, a la lourde mission de centraliser le système monétaire. Et donc de mettre au pas les faux-monnayeurs.

— Je crois pouvoir dire, ose-t-il à peine avancer, que la corporation m'a un peu sous-estimé.

— Tu m'étonnes, on ne se méfie jamais assez des ministres qui ont exercé un vrai métier. En même temps, mets-toi à la place de tes trafiquants de fausse mornifle. Comment voulais-tu qu'ils prennent la menace au sérieux en voyant débarquer ce gardien des finances royales avec, pour collaborateur, un ancien esclave saxon, tous deux juchés sur un dromadaire ?

En effet, s'il n'était pas rare de croiser des camélidés à l'époque romaine, un tel attelage au VIIe siècle est devenu franchement exotique.

Et pourtant. Les années fric sont terminées pour eux. Éloi, appuyé sur l'autorité de Dagobert, resserre les boulons. Les monétaires *bling-bling* devront jurer devant Dieu de leur honorabilité.

— Pardon de te couper, mais j'ai peine à imaginer des faussaires hésiter à truander juste parce qu'ils ont donné leur parole de scout forcément frelatée.

— Tu oublies qu'au VIIe siècle, on craint plus que tout la damnation éternelle promise aux parjures.

C'est vrai qu'en bon athée, j'ai souvent tendance à oublier ces choses-là.

Le Grand Argentier m'explique sa stratégie pour optimiser les rentrées d'impôts – acquittés avec des sous en or –, notamment en faisant payer à l'aristocratie naissante ses charges et privilèges. L'or circule et repasse toujours par la case « Trésor royal ». Les coffres de la couronne se remplissent. De plus, le sou s'alourdit et porte la marque de son gardien : ainsi les archéologues ont-ils retrouvé des pièces portant les mentions *Eligius* et *Dominus Dagoberthus Rex Francorum*.

Éloi sert loyalement son roi mais cultive déjà le jardin de sa prochaine vie : sa vocation apostolique. Il jette un regard discret en direction de Clovis, enfin réveillé, et maintenant occupé à torturer un saucisson, avant de me confier à mi-voix qu'à la différence du roi des Francs saliens, il ne considère pas l'Église comme un instrument politique. Il souhaite, au contraire, mettre à profit sa proximité avec le roi pour participer pleinement à l'essor de la vie monastique, qu'on désigne aussi sous le terme de monachisme, et qui est très en vogue en Gaule.

Pour cela, il quémande de la pierre et des terres à son souverain. J'ajoute une ligne à son CV.

— Orfèvre, ministre et, maintenant, promoteur immobilier du monachisme.

En 632, Éloi reçoit de Dagobert le domaine de Solignac, situé dans son Limousin natal. À Paris aussi il s'en donne à cœur joie. Il obtient du roi une maison sur la montagne Sainte-Geneviève, qu'il voue à saint Martial et dans laquelle il installe des religieuses. Au milieu des marécages, il fait bâtir une chapelle dédiée à saint Paul, dans un lieu qui, bien qu'assaini, restera mentionné comme le Marais. Je dissimule l'émotion qui m'étreint, il l'ignore, mais cet homme merveilleux a posé la première pierre du quartier où j'ai grandi et fait mes études.

Éloi, devenu incontournable, prend l'ascendant sur les conseillers du Palais et Dagobert le consulte sur tout... À l'exception notable de ses futals.

— Et sur ses coucheries extraconjugales ?

Je traduis son haussement d'épaules par un non. Il garde le contrôle de la conversation, qui prend maintenant le chemin de la diplomatie.

Le roi ne chôme pas pour affermir son pouvoir et élargir son territoire. Si une paix relative règne à l'intérieur du royaume, il reste des révoltes à mater ou des conflits à désamorcer aux frontières. Réprimer les Slaves en 631 – un échec cuisant. S'entendre avec les Saxons. Corriger les Vascons, ancêtres des Basques, après leur série de raids furieux en 637. Et ramener le calme en Bretagne.

Cette région, que l'on appelle encore l'Armorique, n'a jamais été réellement soumise au contrôle des Francs.

— Oui, je sais, elle résiste encore et toujours à l'envahisseur...

— Plaît-il ?

— Non, pardon, Éloi, juste de vieilles réminiscences gauloises. Je t'en prie, poursuis.

Il reprend avec Judicaël, duc de la Domnonée, qui se comporte un peu comme le roi de Bretagne qu'il n'est pas, puisque la presqu'île est – au moins virtuellement – sous souveraineté mérovingienne. Ses leudes, c'est-à-dire ses vassaux armés et liés à lui par serment, se sont permis de ravager Nantes et Rennes, ce qui ne peut rester impuni.

En 638, le roi réunit un conseil de guerre pour résoudre une bonne fois pour toutes le problème breton. C'est mon prisme cinématographique : à mesure qu'Éloi me raconte cette scène, je ne peux m'empêcher de la tourner dans ma tête. Je vois les conseillers vociférer sur la manière la plus sûre de trancher le cas breton en même temps que les gorges adverses. Et mon Éloi, avec son intonation douce, d'émettre une suggestion : la diplomatie. Sans doute les moqueries pleuvent-elles aussitôt (« Il veut aller faire causette ! Ouh la gonzesse, il veut son quart d'heure armoricain ! ») mais c'est quand même lui que Dagobert, malgré sarcasmes et quolibets, envoie à Vannes et pas pour faire la blague. Il y rencontre Judicaël. Négocie, se fait apprécier par son tact, règle de vieux malentendus. Et le chef breton renonce à toute prétention souveraine sur la Bretagne, reconnaissant la suzeraineté de Dagobert et des rois francs. Mission accomplie. Paix et prospérité entre les Francs et les Bretons. Éloi, c'est plus fort que toi.

Un soir de l'an 639, Dagobert, sentant la mort arriver, prend ses dispositions pour trépasser à la basilique Saint-Denis. Il a tant fait pour elle en développant son abbaye, en la dotant d'une enceinte, de domaines, de privilèges fiscaux et autres… qu'il a bien mérité les abondantes prières des moines pour le salut de son âme.

Quelle étrange mansuétude. *Quid* du passif accumulé avec sa collection de maîtresses et ses meurtres de masse ? Ne serait-il pas plus vertueux de réfréner ses turpitudes, plutôt que de les compenser par des libéralités au profit du clergé ?

— Ta logique de transaction pour racheter son âme me paraît assez gonflée.

— Pourquoi *ma* ? Est-elle si différente de celle des pollueurs de ton siècle qui plantent trois rangées d'arbres plutôt que de reconsidérer leurs activités ?

« Touché-mouché, rien à faire si ce n'est se taire, rien à dire si ce n'est ouïr », comme disait ma mémé.

Dagobert, en se faisant enterrer à Saint-Denis, lance une mode qui va faire florès : l'abbaye deviendra la *nécropole plus ultra* des rois de France. Deux enfants se partagent le *regnum francorum* : Sigebert III – 8 ans – qui monte sur le trône d'Austrasie, à l'est. Et Clovis II – 4 ans – qui devient roi de Neustrie et des Burgondes. C'est le début de la déliquescence des Mérovingiens. Les grandes familles aristocratiques montreront de plus en plus d'indépendance, et les rois finiront en potiches entre les mains des maires du Palais, véritables maîtres du royaume. Un chroniqueur carolingien lapidera leur postérité en deux mots : « rois fainéants. »

Depuis Clichy, la villa favorite de feu Dagobert, la régence du royaume de Neustrie est assurée par la dernière épouse de Dagobert, la reine Nantilde. Éloi continue à servir la couronne quelques mois, tout en se préparant à donner un nouveau virage à son existence. Avec l'ami Dadon, ils sont ordonnés prêtres à Rouen en 641. Ivres de joie, ils fêtent cela en se livrant à une débauche de prières. À chacun ses bringues.

Voici venu leur tour d'administrer l'Église. Didier, son collaborateur aquitain sus évoqué, prend la tête de l'évêché de Cahors, Dadon est consacré évêque de Rouen sous le nom de Ouen. Il meurt au palais de Clichy en 686. Canonisé, il donnera son nom à la commune voisine de Saint-Ouen, sur la route de la basilique de Saint-Denis. Paris, Clichy, Saint-Ouen, Saint-Denis... J'y vois une petite consolation pour les passagers de la ligne 13 du métro parisien : leurs trajets suffocants sont en quelque sorte des excursions sur les pas du bon roi Dagobert.

Éloi, lui, devient évêque de Noyon, dans l'actuelle Picardie, évêché qu'il cumule bientôt avec celui de Tournai, couvrant la moitié de la Belgique occidentale. Clovis, qui cuvait jusqu'alors, entrouvre un œil à l'évocation de son fief.

Ceci dit, le premier contact avec ses ouailles est rude. Éloi n'a vraiment rien de frère Tuck, le moine jovial, ivrogne et picaresque qui chaperonne Robin des Bois. Le ministre-orfèvre avait mis au pas les faux-monnayeurs de la Gaule. Le nouvel évêque n'a pas peur de souffler dans les bronches du clergé de son diocèse une bouffée morale et autoritaire.

Enfin il peut donner libre cours à sa véritable ambition. Convertir, édifier, rectifier les dévotions.

— Tu te rends compte, Bruno ? Dans les campagnes flamandes, ils allumaient encore des feux de joie dans les sanctuaires païens !

— Mais dingue ! Tu as bien fait de combattre cette ignominieuse idolâtrie.

— N'est-ce pas ?

Il nous transporte ensuite à Tournai, dont il a fait bâtir l'abbaye en 652. Des terrassiers retrouvent les reliques de saint Quentin ? L'évêque-orfèvre leur réalise une châsse. Puis il pose dessus une basilique, autour de laquelle viendra se blottir la ville de Saint-Quentin.

Il agit de même pour de nombreuses communautés religieuses présentes sur son immense diocèse. Il prêche, il fonde, il réorganise. Sa raideur initiale devient une droiture appréciée. Les gens l'aiment.

Reste à le faire parler d'un sujet dont il ne se vante pas, alors qu'à mes yeux il est bien plus important que ses œuvres monastiques. Jusqu'au bout, Éloi a racheté des esclaves pour les affranchir. Avec son vieux complice Dadon/Ouen, il a conseillé la régente Bathilde, veuve du furtif Clovis II. Cette dernière, peut-être une ancienne captive saxonne, a favorisé l'extinction de l'esclavagisme dans tout le *regnum francorum*. Pour moi, bien davantage que son activisme monastique, c'est en l'écoutant me décrire cette entreprise, que cet homme finit de me bouleverser. Après avoir bousculé le cours de sa vie, il secoue son époque.

Au terme d'une longue existence, l'évêque de Noyon s'éteint le 1er décembre 660 dans son diocèse. L'Église le canonise dans la foulée et une quarantaine de corporations le vénéreront bientôt : orfèvres, métallurgistes, mécaniciens, ferronniers, charrons, maréchaux... Un saint patron pour tous les as du marteau.

Révéré de son vivant, Éloi est encore célébré aujourd'hui, et fait même l'objet d'une véritable dévotion populaire dans le Nord de la France. Devenu un personnage du folklore, qui sème des légendes là où il est passé.

Alors me vient à l'idée de lui rendre hommage avec ces quelques lignes librement empruntées à Michel Berger : « Éloi, Éloi / A ce je ne sais quoi / Que d'autres n'ont pas / Et qui nous met dans un drôle d'état. »

Je m'apprête à lui demander s'il préfère celle-ci à la consternante chansonnette de tout à l'heure quand le tintement de la sonnette sauve sa modestie de la tentation de la vanité. Tant mieux ; jusqu'au bout, Éloi reste lui-même.

Alcuin
(vers 735 – 804)

Alcuin, la tête et les jambes

Je n'avais pourtant rien commandé. Dans l'encadrement de la porte, une pile de vieux livres dissimule un porteur dont les bras et les guiboles flageolantes sont prêts à lâcher.

Au prix de plusieurs allers-retours, pour transbahuter ses manuscrits jusqu'au salon, je parviens à le libérer de son fardeau et vois apparaître une silhouette qui ressemble moins à un bouquiniste des quais de Seine qu'à un clerc du VIIIe siècle.

J'allais presque m'agacer de cette manutention quand j'ai réalisé la chance qui m'était donnée de recevoir chez moi un si grand esprit.

— Merci pour ton aide, Bruno, je ne voyage jamais sans emporter un peu de lecture.

— Bonjour, cher Albinus.

— Appelle-moi Alcuin. Albinus est…

— Votre prénom latin francisé, je sais, j'ai l'habitude. Entrez donc, Maître.

Je l'invite à prendre place en face d'Éloi avec qui il a sûrement des atomes crochus. Comme lui, c'est un familier des abbayes, que le hasard des circonstances a mené à la cour d'un roi franc.

Le jeune Alexandre de Macédoine, avant d'être « Le Grand », eut pour précepteur Aristote. François Ier attira à sa cour Léonard de Vinci. De Gaulle voyait en Malraux un « ami génial ». Charlemagne, lui, eut la chance de rencontrer Alcuin. Érudit, bibliophile, professeur, linguiste, théologien, poète, grand voyageur… Et aujourd'hui chez moi. De là à fanfaronner, il n'y a qu'un pas que la lucidité de ma simple condition d'hôte m'interdit de franchir.

L'aubaine pour Charlemagne fut de croiser la route de ce diacre anglo-saxon à Parme, en 781. En provenance de sa capitale rhénane d'Aix-la-Chapelle, il cheminait vers Rome. Alcuin, lui, quittait la cité pontificale et s'en retournait à York, en Grande-Bretagne. Il rentrait chez lui, là-haut vers le brouillard, et Charles descendait dans le Midi… C'était sans doute un jour de chance, mais faute de pouvoir se cacher dans un grand champ de blé, le futur Empereur donna rendez-vous au diacre pour l'année suivante. Mais nous en reparlerons.

Je reviens vers mes invités et m'adresse au dernier arrivé :

— Cher Alcuin, si vous nous parliez de vos œuvres aussi diverses que variées ?

Le silence se fait, bientôt rompu par une voix professorale. Son exposé commence aux alentours de 735. Il naît dans une famille noble de Northumbrie, un royaume anglo-saxon situé dans l'actuel Yorkshire, au nord de l'Angleterre. Enfant, il suit les cours de l'école de la cathédrale d'York. Il faut comprendre qu'au Moyen Âge le savoir est affaire de transmission. Rien ne se perd, tout se transmet d'une génération à la suivante. Ainsi son maître, Ælbert, fut l'élève d'Egbert, fondateur de l'école et ancien disciple de Bède le Savant. L'île est alors un foyer culturel qui irradie l'Europe. Alors que sa population parle une langue germanique, le pays est paradoxalement devenu un des gardiens de la langue latine. Outre-Manche, pas de salmigondis roman prononcé avec des intonations franciques ; celui qui comprend le latin l'a appris dans des grammaires classiques.

Ælbert a repéré les dons d'Alcuin, qui se montre aussi à l'aise avec les insaisissables démonstrations théologiques des Pères de l'Église qu'avec les auteurs profanes qu'il dévore avidement, rien que du costaud garanti Pléiade – Horace, Virgile, Cicéron, Aristote, Pline –, mais également avec les travaux de rhétorique, dialectique, grammaire et astronomie. Et ce qu'il aime par-dessus tout, c'est dénicher avec Ælbert des manuscrits qui enrichiront leur fabuleux trésor : la bibliothèque de l'école. Bref, ça s'instruit comme qui rigole.

Les livres : c'est la grande passion d'Alcuin. Et ce qui me rapproche très modestement d'un clerc du VIIIe siècle. Il lit tout ce qui lui passe entre les mains, sur tous les sujets, dans toutes les langues. À cette évocation, mon esprit commence à se perdre dans des labyrinthes de volumes, navigant entre *La Bibliothèque de Babel* de Jorge Luis Borges et celle du *Nom de la Rose* d'Umberto Eco.

Porté par ma rêverie, je me revois étudiant, charriant des piles de bouquins tantôt à la Fnac ou au relais Hachette, tantôt chez Gibert Jeune ou à la librairie Boulinier du boulevard Saint-Michel. Un vertige me saisit devant ces falaises de papier qui nécessiteraient, pour en venir à bout, une espérance de vie allongée de deux ou trois siècles.

Et voici que je repense à ma mère, lectrice compulsive sans diplôme, qui poussa un jour la porte d'une librairie, avec le projet de conseiller les clients. Et qui le fit si bien. Et me revient l'image de mon père ouvrier, et son insatiable appétit de connaissance, quel que soit le domaine. Dans les livres, dans la vie. Curieux de tout et de tous. Dès que possible, en voyage. Infatigable passeur pour ma sœur et moi.

Des livres et des voyages. Je mentirais en disant qu'Alcuin a été, avant Zorro et Spiderman, le héros de mon enfance. Mais le jour où je l'ai découvert, j'ai compris qu'il en était la discrète figure totémique.

Je remonte brusquement à la surface et m'aperçois que mes trois convives me dévisagent, interloqués.

— Pardon, messieurs, reprenons. Donc, Alcuin, il me semble que vos compatriotes étaient constamment en vadrouille.

En effet, poursuit-il, ces Angles et ces Saxons, qui ont envahi et peuplé l'île au cours des Vᵉ et VIᵉ siècles, s'y sentent déjà à l'étroit. Pour les clercs notamment, tout est prétexte à franchir la Manche et parcourir le continent. Pèlerinages, évangélisation, recherche de manuscrits et autres joyeusetés. C'est lors de l'une de ces pérégrinations, vers 775, qu'Alcuin rencontre pour la première fois Charlemagne, et se crée des accointances dans son entourage.

Trois ans plus tard, Maître Ælbert devient archevêque d'York. Perspicace, qui nomme-t-il pour lui succéder comme directeur de l'école épiscopale de la ville ? Le premier de la classe évidemment. La nouvelle fonction d'Alcuin a un intitulé précis : écolâtre. Sa fiche de poste comporte une obligation, plutôt un avantage en nature : assumer la charge de bibliothécaire.

On lui confie alors ce lieu, sanctuaire de tous les savoirs de son temps. Il y fleure bon le cuir qui recouvre les volumes écrits à la main sur des parchemins, ornementés de motifs d'or, d'argent ou cousus avec des ficelles de chanvre. Les reliures deviennent de plus en plus ouvragées, jusqu'à se parer, au siècle suivant, d'ivoire et de pierres précieuses. Depuis, les éditeurs sont revenus à davantage de sobriété ; d'ailleurs, en entrapercevant ma bibliothèque, Alcuin a dû penser que j'avais récupéré ces tristes volumes aux couvertures sans éclat dans la poubelle d'un chiffonnier.

Tout de même, je l'interroge : cet amoureux des livres n'a-t-il pas eu l'envie d'adopter la seule attitude raisonnable qui vaille à mon sens ? Laisser à la porte le reste du monde, investir pleinement cet espace hors du temps, revêtir un gros chandail, enfiler des charentaises, avoir pour seule activité de déplacer une échelle permettant l'accès aux ouvrages les plus haut perchés et, confiné dans ce havre, lire au coin de l'âtre jusqu'à la fin des temps ?

Mais Alcuin n'est pas raisonnable.

Il a préféré sillonner les dangereuses routes du continent. En 780, Ælbert décède et l'archevêché d'York échoit à un certain Eanbald. L'impétrant doit recevoir du pape son *pallium*, une bande de tissu blanc portée par-dessus la chasuble et qui distingue les très hauts dignitaires de l'Église. Et puisque Alcuin a l'air de bien connaître le chemin… Après la traversée de la Manche et quelque deux mille kilomètres de chevauchée, il parvient fourbu à Rome au printemps 781 et reçoit d'Adrien Ier le *pallium*.

— Dites, ça fait pas mal de route pour une fanfreluche, même sacrée.

— Certes, mais c'est lors de mon retour, en passant par Parme, que je suis retombé sur Charlemagne.

Nous y voilà : le *pallium* en valait donc la chandelle.

Le déjà puissant roi des Francs descendait à Rome, pour célébrer Pâques auprès du pape et faire sacrer son fils Louis – âgé de 3 ans – roi d'Aquitaine. Cette province turbulente, et dûment matée, réclame désormais davantage de considération au sein du royaume. Ce genre de caprices n'est pas inédit et la tradition monarchique souffle avec ces mots magiques un bon remède de grand-mère : « Je vous donne un roi et vous, vous êtes sage pendant tout le reste du règne, on est d'accord ? »

— Une petite précision pour nos deux amis : comment Charlemagne, fondateur de la dynastie carolingienne, succède-t-il aux Mérovingiens ?

— "Fondateur de dynastie"… C'est toi qui le dis. Je vois qu'il nous faut reprendre les bases.

Machinalement, je saisis un crayon et ma feuille déjà bien noircie des notes sur Éloi. Passé deux carreaux à la marge, j'écris que Charlemagne vient au monde déjà pourvu du beau pécule territorial amassé par ses ancêtres. Souvenons-nous, dans l'entourage de Dagobert, des aristocrates francs Arnoul de Metz et Pépin de Landen : ce sont les deux grands-pères de Pépin d'Héristal, maire du palais d'Austrasie entre 676 et 714. Ce dernier ne se contente pas d'expédier les affaires courantes : il gouverne, conquiert et tire les ficelles. Le roi Thierry III n'est plus alors qu'une vague caution dynastique. Il a autant d'influence que notre contemporaine Élisabeth II, le flegme majestueux et les tailleurs fuchsia en moins. Pépin d'Héristal prend aussi sa lignée en main en décidant que les fonctions de maire du palais seront exercées désormais par sa descendance : ancêtres directs des Carolingiens burlesquement nommés les Pippinides.

Évidemment, ces gosses de riches trop gâtés par leur naissance ne sont jamais fichus de s'entendre. C'est finalement Charles, le fils de Pépin que l'on avait expressément écarté des affaires à cause de sa naissance illégitime, qui prend le dessus. Son surnom cogne comme une volonté inébranlable : Martel.

Redoutable guerrier, il s'impose au sein des royaumes d'Austrasie puis de Neustrie comme maire du palais d'un *regnum francorum* réunifié. Il gagne encore du terrain dans les territoires germaniques de l'Est et en Frise. En 732, aux environs de Poitiers – que n'a-t-on fantasmé sur cet épisode depuis des siècles ! –, il indique la sortie à une incursion sarrasine qui tenait en vérité plus du raid que de l'invasion. Quoi qu'il en soit, le patron du royaume, c'est lui, et pas Thierry IV, Mérovingien de circonstance, sur la tête duquel il a posé une couronne… juste parce qu'il aurait trouvé la fève.

À sa mort en 741, Charles Martel lègue la charge de maire du palais à ses deux fils, Pépin le Bref et Carloman. Rapidement, Pépin monopolise la fonction. Malgré l'existence d'un ectoplasmique Childéric III, il est seul au pouvoir. Et trouve que la comédie des rois pantins a suffisamment duré. Comme l'affirme le pape Zacharie, « celui qui exerce véritablement le pouvoir porte le titre de roi ». Aussi sec, Pépin fait donc tondre le dernier Mérovingien, l'expédie dans un monastère et se fait proclamer roi des Francs par les Grands du royaume en novembre 751. Certes bref mais aussi tranchant, le Pépin.

À l'évocation de cette révolution de palais, je pose mon crayon et lève le doigt, tel le fayot de base.

— Maître, il me semble que le roi des Francs étant sacré, l'éviction du sortant pose un petit problème de légalité. Peut-on violer ainsi le droit divin ?

— Excellente intervention, mon petit Bruno. Mais sachez qu'on peut toujours s'arranger, d'autant plus entre gens de bonne volonté.

Il explique. Le pape Zacharie et son successeur Étienne II ont grand besoin de soutien militaire pour faire face aux Lombards qui ont envahi le nord de l'Italie. Quant à Pépin le Bref, certes puissant, il doit rentrer dans les clous de la loi s'il veut bétonner la postérité des ineffables Pippinides.

Après le baptême de Clovis se joue, en 754, l'acte II de l'alliance entre les Francs et la papauté. Pépin et ses fils seront bien sacrés rois par la grâce de Dieu, avec toute la scénographie du saint-chrême, tout le toutim et le tralala religieux. En échange, Pépin cède au pape des territoires qu'il protègera. Les États pontificaux sont créés. Ils subsisteront sous cette forme jusqu'en 1870, et le Vatican en est l'ultime avatar.

À l'évocation de Pépin le Bref et de son épouse Berthe de Laon, j'interviens soudainement, et cette fois sans lever le doigt.

— Oui je sais, c'est “Berthe au Grand Pied” !

— Merci Bruno, mais la prochaine fois que tu veux m'interrompre, lève la main. On est d'accord ?

Je baisse les yeux et reprends mon crayon. Pépin et Berthe ont deux fils, Charles et Carloman. À la mort de Pépin en 768, chacun obtient sa part du royaume. Carloman a l'amabilité de mourir dès 771, et Charles se retrouve seul à la tête d'un vaste territoire. Celui du futur Charles le Grand, « Carolus Magnus ». Charlemagne.

Comme ses aïeux, il conquiert presque tous azimuts. Au nord, la Saxe, jusqu'à l'actuelle frontière danoise. À l'est, il atteint le Danube et annexe la Bavière, la Carinthie. Au sud-est, il gobe le royaume des Lombards – dont il se fait proclamer roi – et descend jusqu'à Rome. Au sud-ouest, il se frotte aux Sarrasins qui dominent la péninsule ibérique, et il se taille au sud des Pyrénées une « marche », zone militaire tampon confiée à un marquis.

Ne tenant pas à me faire moucher de nouveau, je constate en silence qu'un millénaire avant la création de la CEE en 1957, l'Europe des Six – France, RFA, Belgique, Pays-Bas, Luxembourg, Italie – est déjà réunie à l'intérieur du *regnum francorum*. Et qu'une exception subsiste à l'ouest, où une marche là encore est créée pour se prémunir des Bretons installés dans cette Armorique qui, décidément, résiste encore et toujours à l'envahisseur... On ne s'en lasse pas.

Cette petite révision terminée, nous revenons à Parme, au printemps 781.

— Charlemagne a appris votre présence dans la ville et il vous a fait mander. Racontez-moi ces retrouvailles.

— Depuis notre toute première entrevue en 775 et son accession au trône, il a précisé ses ambitions. Il ne veut pas seulement repousser les frontières de son royaume, il désire l'administrer, le réformer. Le faire rayonner.

— Bref, il faut que ça brille.

Trop concentré pour me répondre, Alcuin fait quelques pas et, tout en regardant son auditoire, nous entreprend sur les réformes de Charlemagne.

D'abord, il s'occupe de la monnaie, dont l'émission et la valeur sont redevenues problématiques. Éloi tend l'oreille à ce mot, et semble déçu d'apprendre que l'or est devenu trop rare pour être utilisé. Désormais, place à l'argent et ça, pour le coup, ça va durer.

L'administration est renforcée. Les ducs commandent de grandes régions militaires, les marquis dominent les marches. Les comtes, eux, sont les fonctionnaires du roi. Mais comme ils sont recrutés dans l'aristocratie locale, ils ont tendance à faire leur petite soupe dans leur coin, loin des attentes de la couronne. Les comtes ne font pas toujours les bons amis ! Alors aussi sec, Charlemagne leur envoie ses *missi dominici,* « envoyés du maître », chargés de jeter un œil discret mais perçant au-dessus de leur épaule et de lui rendre là aussi... des comptes.

Enfin, il évoque son plus grand chantier : l'instruction. Dire qu'il veut relever le niveau linguistique et religieux serait plus juste. Les Mérovingiens n'étant pas des Nobel de littérature, l'usage du latin classique s'est effondré chez les clercs, et avec lui la compréhension des textes sacrés. L'écriture francique, avec ses grands déliés et ses mots accolés sans espace, est devenue aussi indéchiffrable que des hiéroglyphes.

Sous Pépin le Bref, déjà, le moine anglo-saxon Boniface s'activait pour redonner un peu de lustre à la pratique religieuse et surtout remettre d'équerre les clercs, un peu sombres, qui, pour la plupart, végétaient dans l'ignorance et se vautraient dans la luxure. Charlemagne amplifie ce mouvement de rénovation et s'entoure dans ce but de grammairiens distingués.

J'imagine très bien qu'en revoyant Alcuin, Charlemagne lui a expliqué qu'il avait un besoin vital de son concours, qu'il devait impérativement le rejoindre à Aix-la-Chapelle, et que, sans lui, son royaume, l'Église et l'Occident étaient en péril, etc. Évidemment, un écolâtre passionné et ainsi flatté ne saurait refuser de servir le roi des Francs et de faire du soutien scolaire à ses innombrables sujets. Alcuin accepte et arrive l'année suivante pour ce qu'il pense être autant une escapade qu'un beau chantier.

Il débarque donc en 782, à Aix-la-Chapelle. Il a une fois de plus traversé la Manche qu'il connaît maintenant comme sa poche, là il prend ses quartiers à la cour de Charlemagne avec quelques mètres cubes de bouquins. En disciple d'Aristote, il devient précepteur des enfants du roi et directeur d'école. Attention, pas d'une quelconque boîte à bac : l'École palatine. Sur les bancs de la salle de classe, se croisent les rejetons des aristocrates qui fréquentent le palais, de jeunes nobles du royaume venus parfaire leur instruction, des scribes de passage, des moines copistes. À tous, Alcuin enseigne les arts « libéraux » : rhétorique, dialectique, grammaire, géométrie, arithmétique, astronomie et musique.

Toute une imagerie liée à cette école mythique me revient, à travers mes manuels d'histoire de cours élémentaire. Je réfrène mon envie de lui raconter la genèse d'un cliché exploité depuis Jules Ferry et le culte républicain de la méritocratie. Il nous vient d'un moine poète et chroniqueur né vingt-cinq ans après la mort du roi, et qui se targue d'être le grand témoin de ses faits et gestes. Il met en scène Charlemagne inspectant son école, félicitant les bons élèves roturiers et tapant sur les doigts des glandus de la noblesse. Cependant, je sais que si la gravure est flatteuse pour le barbu fleuri – on en parle de ça aussi ? –, elle colle difficilement avec la réalité. Le nom de ce bafouilleur de l'histoire, Notker le Bègue, ça ne s'invente pas.

— Nous sommes d'accord, Maître, à quelques exceptions près, l'École palatine est ouverte à l'élite, pas aux boursiers ?

— *Felix qui potuit rerum cognoscere causas*[1], me répond Alcuin.

1. « Heureux qui a pu pénétrer la raison des choses. » Virgile, *Géorgiques*, Livre II, v. 490.

Après qu'Éloi, toujours charitable, m'a murmuré la traduction, je comprends que je ne suis pas si loin de la vérité.

Alcuin me décrit le roi passant de temps en temps une tête dans sa classe pour vérifier si tout le monde travaille sagement. Qui s'assoit un peu et profite lui aussi des cours de l'érudit. Jusqu'à devenir un élève assidu. Dans son sillage, ses conseillers les plus serviles et rampants suivent également les cours auprès des enfants et sœurs du roi. Ce faisant, la cour se transforme en une sorte de société de gens de lettres, où chacun se voit attribuer par Alcuin un pseudonyme illustre. Lui-même se fait appeler « Horace », le moine et diplomate Angilbert est surnommé « Homère », et Charlemagne bien entendu ne peut être que « David ».

Ce dernier étanche son insatiable soif de connaissance. Le conseiller Eginhard, dans sa biographie très autorisée *Vie de Charlemagne,* raconte comment le roi, qui parle plusieurs langues mais n'a jamais appris à écrire, tente de rattraper son retard. Il sort des tablettes cachées sous les coussins de son lit et s'exerce à y tracer des lettres. Malheureusement, on apprend qu'« il s'y prit trop tard et le résultat fut décevant ». Obstination vaine mais attendrissante.

Mille ans avant les Encyclopédistes, Alcuin semble déjà être la somme vivante des savoirs du monde. Il a des réponses sur tout et un indéniable talent de pédagogue. Pour former le jeune Pépin, aîné de Charlemagne, il a recours à la *disputatio.*

— De quoi s'agit-il ? Quelqu'un sait ? Bruno ?

— Euh ? Une série de coups de trique infligés sur le postérieur d'un cancre pour faire rentrer le savoir et les bonnes manières ?

— C'est ce que tu mériterais, rassieds-toi. C'est une forme de débat dialectique oral entre le professeur et son élève.

Appuyant le bout de ses doigts sur son front ridé, les yeux fermés, il cite de mémoire un passage, qui s'ouvre sur l'interrogation de Pépin :

— Qu'est-ce que l'écriture ?

Le professeur répond :

— La gardienne de l'histoire.

— Qu'est-ce que la parole ?

— L'interprète de l'âme.

— Qu'est-ce qui crée la parole ?

— La langue.

— Qu'est-ce que la langue ?

— Le fouet de l'air. [...]

Cette métaphysique poétique me donne des ailes et m'inspire.

— Maître, j'aimerais vous poser une question ?

— À ta guise.

— Excusez ma naïveté mais Charlemagne a-t-il, comme on le lit parfois, inventé l'école ?

— Excellente question, Bruno. Tu vois quand tu veux.

Je rosis sous mes lauriers quand cette nouvelle leçon commence.

Préoccupé par l'élévation du niveau culturel, Charlemagne veut étendre à l'ensemble du royaume l'enseignement qui réussit tant à son école d'Aix-la-Chapelle. En 789, il édicte un capitulaire, l'un de ces décrets-lois organisés par chapitres. Entre les dispositions concernant la chasse aux résidus de culte païen encore très vivaces et l'instauration du chant grégorien, il ordonne la généralisation des écoles.

C'est sans doute de cette décision qu'est née l'idée d'un Charlemagne « inventeur » de l'école, alors que plus justement, il contribue à son essor. Dépendant des cathédrales et des monastères, les écoles devront enseigner aux enfants à lire, compter et chanter les psaumes. En somme, favoriser la fabrique du chrétien.

Le sifflement qui m'échappe le fait sursauter. Fayot derechef, je glisse un :

— Vous méritez donc bien votre surnom de “précepteur de la Gaule”.

— C'est très aimable à toi, Bruno. Mais l'enseignement ne représentait qu'une fraction de mes activités.

Il décrit sa vie d'homme-orchestre et nomade. Tout le temps sur les routes, à multiplier la création de *scriptoria*, ateliers où sont copiés les livres. Les développant même dans les abbayes de femmes. Formant des disciples. Écrivant une soixantaine de manuels sur les nombreux domaines qu'il maîtrise. Et aussi des poèmes, sur ses impressions de voyage. S'y ajoute la correspondance suivie qu'il entretient avec ses innombrables relations, comme en attestent les quelque trois cents lettres qui nous sont parvenues.

— J'aurais tant aimé vous lire. Mais vos œuvres étaient indisponibles chez mon libraire…

— Va donc me chercher le troisième tome de ma pile d'ouvrages.

Je m'exécute et reviens croulant sous la charge d'un grimoire de la dimension d'une table basse et pesant de surcroît un âne mort.

— Tu vois cela? Il s'agit de l'un des plus anciens manuscrits d'Occident encore consultables.

Essoufflé, je tente quand même un trait d'humour.

— Un almanach de blagues médiévales?

— Une Bible, insolent!

Ah presque, me dis-je pour moi-même.

Il me montre cette version écrite avec son complice Théodulf, évêque d'Orléans. Il se sont attaqués à rien moins qu'une nouvelle traduction de la Vulgate, version latine de la Bible véritable... Une paille qui tient du péplum littéraire. Dixit Alcuin, les copies qui circulent au VIIIe siècle sont truffées de fautes et s'écartent sérieusement de leurs versions originales, rédigées en hébreu pour l'Ancien Testament et en grec pour le Nouveau. Leur nouvelle version est diffusée dans toutes les paroisses du futur Empire.

Inutile de dire à quel point je suis impressionné par le manuscrit. Je l'ouvre et découvre entre les enluminures un texte très lisible – à la condition *sine qua non* de maîtriser le latin, et pas seulement la locution *sine qua non,* qui est donc ma limite. Au fil des pages, il commente. Fini la calligraphie franque avec ses déliés et mots collés entre eux comme les wagons d'un interminable train de lettres. Plus de majuscules foutraques. Place à la minuscule

« caroline », caractère révolutionnaire qui, sept cents ans plus tard, sera utilisé par l'imprimerie.

Des écoles, le relèvement de la langue, la multiplication des foyers de connaissance, une nouvelle écriture... La conférence d'Alcuin confirme ce que j'avais déjà lu : le haut Moyen Âge ressemble de moins en moins à l'époque de rustauds arriérés que l'on s'est longtemps plu à dépeindre ; il est plutôt la manifestation de ce que les historiens nomment la Renaissance carolingienne. Dont j'ai devant moi l'un des piliers. Que dis-je, un pilier ?... Une statue ! Un phare. Un Vinci médiéval. Un Einstein carolingien. Bref, un bonhomme.

— Vos états de service auprès de Charlemagne sont exceptionnels. S'est-il montré généreux ?

— Et comment ! J'ai obtenu la récompense suprême.

J'entrevois des montagnes d'or.

— Des abbayes !

— Ah ouais quand même.

Éloi, bouche bée, écrase une larme.

— Et pas n'importe lesquelles ! Saint-Loup de Troyes, Ferrières-en-Gâtinais et surtout Saint-Martin de Tours !

Qui, je m'en souviens, constitue pour les Francs la mère des sanctuaires. C'est là, me dit-il, qu'en 796 il décide de se fixer. Patiemment, il y reconstitue sa chère bibliothèque en faisant venir des ouvrages de York. Entre les inspections de ses domaines, où il vérifie autant la qualité des copies dans les *scriptoria* que les récoltes de blé ou le rendement de la vigne, il remplit les missions confiées par Charlemagne et visite son immense réseau de relations.

Il est encore et toujours sur la route. Il y a du Jack Kerouac chez cet Aristote.

Cependant, même les plus grands bourlingueurs sont un jour saisis par le mal du pays. En 790, son roi l'envoie justement en Grande-Bretagne régler des contentieux persistants avec Offa, qui règne sur la Mercie, un puissant royaume du centre de l'île. La tentation de rester définitivement est forte. Après tout, il n'a jamais considéré son séjour en Francie que comme un *peregrinatio* : une série de déplacements en terres étrangères censée s'achever par un retour au bercail.

Sauf que l'exigeant Charlemagne a toujours une affaire délicate sous la main à lui confier. Il a en mémoire les extraordinaires connaissances théologiques d'Alcuin et son agilité à jongler avec les dogmes. Aussi le rappelle-t-il en 793. Sa mission : sauver la Chrétienté de l'adoptianisme, une hérésie prêchée par des évêques de la péninsule ibérique qui soutiennent que le Christ ne serait devenu le fils de Dieu qu'après son baptême, par voie d'adoption. Très gros dossier.

En 794, Charlemagne convoque en personne un concile à Francfort. En plus de faire un sort à l'adoptianisme, c'est l'occasion d'affirmer son pouvoir temporel sur les chrétiens d'Occident.

Lorsqu'ils découvrent que le roi des Francs est représenté par Alcuin, les prélats réunis à Francfort pouffent : « On nous envoie un simple diacre ? » Mais l'Assemblée de Francfort a eu tort de prendre Alcuin pour une saucisse. Ils en seront quittes pour recevoir une démonstration charpentée de théologie, appuyée sur une pyramidale somme manuscrite. Le concile reprend exactement les conclusions d'Alcuin et l'adoptianisme en sort très affaibli.

Il aborde maintenant la nouvelle donne politique de cette fin de VIIIe siècle. Puisque Charlemagne est le protecteur des États pontificaux et qu'il jouit d'un magistère important sur les affaires internes de l'Église, il faut en tirer les conséquences. Il écrit à son patron : « Ainsi le salut des églises du Christ repose-t-il sur toi seul. »

Sur ces entrefaites, le pape Léon III, déjà soupçonné de moralité défaillante, réchappe d'un attentat en 799, ce qui n'est pas un miracle divin puisqu'il ne doit son salut qu'à la protection d'un *missi dominicus* proche de Charlemagne. Les planètes s'alignent : voici venue l'opportunité de réaffirmer l'alliance entre les successeurs de Clovis et la papauté à travers l'apogée des Francs. Le 25 décembre 800, Charlemagne est sacré à Rome *Imperator Romanorum*. Empereur d'Occident. Sacré cadeau de Noël, alors que le concept même n'existe pas.

— Quel triomphe. Avec le rôle que vous avez joué dans cette consécration, vous avez dû savourer cet instant comme nul autre.

— Moi ? Je n'étais pas là. Trop fatigué pour faire le voyage.

Étonnant mais finalement bien compréhensible. À environ 65 ans, ses incessants déplacements entre ses évêchés, Aix-la-Chapelle et sa Grande-Bretagne natale ont eu raison de l'endurance d'Alcuin. Il préfère rester au chaud en son abbaye de Saint-Martin, à Tours. Tout le monde ne comprend pas cette faiblesse. Au mot d'excuse qu'il adresse au futur Empereur, celui-ci répond avec sa franchise de Franc : « C'est une honte de préférer les toits enfumés des gens de Tours aux palais dorés des Romains. »

— Vous vous permettiez de chiffonner ainsi le plus puissant souverain d'Occident ?

— Oui, je ne suis pas un courtisan, moi. Et le contredire ne m'a jamais arrêté.

En témoigne sa position devant le problème saxon. Depuis 772, les relations entre Charlemagne et ce peuple germanique païen, installé au sud de l'actuel Danemark et dont les ancêtres ont envahi la Grande-Bretagne, sont rythmées par les rébellions et les répressions. Charlemagne considère qu'il est temps de leur tendre la main. Notons qu'il s'agit d'une main d'acier trempé qui a dévasté leur pays, leurs sanctuaires, et ordonné le massacre de quatre mille cinq cents prisonniers à Verden en 782. Petite précision quant à cette mimine supposée de velours.

Alors trois ans plus tard, Charlemagne édicte un capitulaire qui propose une alternative dans le même esprit : soit le baptême en suivant l'exemple de leur chef Widuking. Soit la décapitation. Du coup on dénombre beaucoup de conversions spontanées cette année-là dans les récentes extensions du royaume… Et tant qu'à faire, maintenant qu'ils sont chrétiens… ils feraient bien de ne pas oublier de verser la dîme à l'Église.

— Dites, Maître, c'est une pure et simple provocation ? On a couvert le pays de séditieux pour moins que ça.

— Je suis bien d'accord, et j'ai signalé en haut lieu que face à un peuple récalcitrant, la méthode n'était pas idéale.

« Ainsi, vous devriez considérer dans votre sagesse s'il est bon d'imposer le joug des dîmes sur un simple peuple qui sont des débutants dans la foi », s'autorise-t-il à écrire au roi. Dans une autre lettre, toujours plus permissif : « Un homme peut être forcé à être baptisé, mais c'est inutile pour la foi. » Sacré Alcuin. À deux doigts de prôner la liberté de conscience ; et pourquoi pas la laïcité tant qu'on y est ?

Tout au long des trois décennies du conflit cyclique avec les Saxons, Alcuin exprime son point de vue dans sa correspondance. Aux évangélisateurs chargés d'apporter la paix du Christ à coups de gourdin, il développe à travers ses longues lettres une pédagogie missionnaire, douce, pacifique, graduée. Je vois plus d'humanité dans le regard de ce clerc du VIIIe siècle que dans celui des prosélytes de mon époque « moderne ».

Jusqu'à la fin de sa vie, il a défendu des positions audacieuses, voire subversives. La veille de sa mort, il nourrissait encore une interminable querelle juridique qui l'opposait à l'Empereur depuis trois ans. Elle concernait le droit d'asile, qu'il entendait accorder à un fuyard qui avait trouvé refuge dans son église de Saint-Martin de Tours. Textes sacrés et arguments de droit canonique, anciennes dispositions juridiques, Bréviaire d'Alaric… Tout est bon pour nourrir cette confrontation épistolaire fleuve, établie entre deux vieux compagnons qui s'estiment mais campent sur leurs positions. La mort du diacre interrompt sa plaidoirie en faveur du droit d'asile, de la valeur du pardon et du concept de procédure judiciaire exempte de violence…

Visionnaire jusqu'à son dernier souffle, Alcuin s'éteint en 804, le jour de la Pentecôte. Comme il l'avait souhaité.

Le cours est terminé, il arpente une dernière fois mon salon en jetant à nouveau un coup d'œil à ma bibliothèque. Il semble perplexe devant ce classement qui, à la mention « Grèce », débute avec le *Guide du Routard, Athènes et les Cyclades* là où il attendait Héraclite et Homère. Il sourit, indulgent.

Il s'assoit ; j'entendrais presque la cloche sonner. Je demeure interdit, pensif devant la stature du bonhomme, dont les grandes enjambées lui ont fait franchir les mers et les montagnes. Quand son intelligence vagabondait toujours plus loin, en des contrées que seuls parcourent les plus prodigieux esprits.

Heureux qui comme Alcuin a fait un beau voyage…

Aliénor d'Aquitaine
(vers 1122 – 1204)

Aliénor d'Aquitaine, l'Affranchie

Du salon, je perçois un bruit de sabots et un puissant hennissement. J'ai beau habiter à proximité d'une forêt, les chevaux, même tenus en longe, ne sont toujours pas admis dans le hall de mon immeuble, et ce malgré mes nombreuses requêtes dans ce sens auprès du syndic. Tant pis, j'ouvre quand même. Et là, elle m'apparaît. C'est une très belle femme, élégante et altière, dont la longue robe lui dissimule entièrement les pieds. Après avoir attaché son destrier devant mon palier, elle entre… Superbe. Malgré tout, je me demande quand même qui peut monter à cheval avec une telle toilette.

— Mon brave, annoncez-moi.

J'en perds mes moyens. Ignorant tout de l'étiquette du XIIe siècle, je m'incline révérencieusement et lui indique la direction du salon. Dédaigneuse, elle passe à côté de moi sans baisser son regard, tout en maintenant ce port de tête aristocratique. Son front est ceint d'une couronne et, serré dans un foulard blanc, son visage illumine la pièce malgré sa pâleur. Ses traits sont délicats et comme teintés de rosée.

Impressionné, je m'efforce de dire quelque chose.

— Messieurs, Son Altesse Royale Aliénor d'Aquitaine. Reine d'Angleterre et duchesse… euh, d'Aquitaine donc.

En évitant scrupuleusement de la frôler, je lui présente mes autres invités et lui propose de prendre place à côté d'Alcuin, notre ressortissant anglo-saxon. Toutefois c'est près d'Éloi qu'elle décide de s'asseoir. D'abord parce qu'elle se sent plus d'affinités avec un compatriote aquitain qu'un proto-Anglais, mais aussi parce qu'Aliénor fait comme à son habitude : elle décide pour elle-même.

Finalement, c'est très bien qu'elle ait choisi pour voisin de table le très sage Éloi ; le récit de sa vie tumultueuse lui donnera des couleurs. Et puis ma salle à manger commençait à ressembler à un réfectoire de monastère occupé par des commensaux tous plus ou moins en cheville avec l'Église. Celle que leurs confrères ecclésiastiques du XIIe siècle qualifiaient avec mesure de « monstre femelle » risque de secouer joyeusement cette mâle assemblée un brin austère.

Loin du modèle de l'épouse dévouée dans l'ombre de son époux, la femme que j'ai conviée tient les rênes de son destin. Régner, négocier, administrer, s'échapper et, à l'occasion, changer de mari… La première chose qu'Aliénor a voulu gouverner, c'est son existence. Successivement reine de France puis d'Angleterre, mère de cinq souveraines et souverains… Sa vie est un roman, avec un rebondissement par chapitre.

Son Aquitaine est la région des grandes vacances de mon enfance, passées entre les Landes de ma mère et le Pays basque de mon père. La douceur de vivre ne laissait pas imaginer les mille ans d'efforts fournis par nos rois, de la conquête franque à la fin de la guerre de Cent Ans, pour arrimer cette région chamailleuse à leur domaine.

— De grâce Madame, contez-nous votre histoire.

Elle s'éclaircit la voix : il était une fois dans le Sud-Ouest...

Au château de Belin, près de Bordeaux, la vie est également douce pour Aliénor qui vient au monde vers 1122. Ses parents, Aliénor de Châtellerault et Guillaume X, duc d'Aquitaine, l'éduquent au contact de gens de lettres, poètes, musiciens. Normal avec un grand-père tel que Guillaume IX, surnommé le Troubadour, et premier d'entre eux à composer en occitan.

Avril 1137 : son père Guillaume X meurt. Aliénor, déjà orpheline de sa mère, monte sur le trône ducal. À 15 ans, un âge auquel ma fille rechignait encore à ranger sa chambre, elle se retrouve à la tête d'un vaste territoire, formé par le Poitou, le Limousin, le Périgord, l'Auvergne, l'Angoumois, la Saintonge, la Gascogne et la Marche. Cette immensité se situe à l'intérieur des frontières du royaume, mais ne fait pas partie du domaine royal de France – qu'on n'appelle pas encore ainsi. En fait, le roi Louis VI le Gros ne possède en propre qu'un territoire comprenant l'Île-de-France et l'Orléanais, hérité de son aïeul Hugues Capet, comte de Paris, élu roi de France par les grands féodaux en 987, après la déconfiture du dernier Carolingien. Le reste du royaume est tenu par de grands vassaux, qui ne laissent guère le souverain fourrer son nez dans leurs affaires. Bref, Louis VI est peut-être gros mais son royaume est assurément maigre. Alors pour son fils

Louis, âgé de 16 ans, il voit en Aliénor un excellent parti, le meilleur d'Occident, dit-on. Outre son vaste duché, Aliénor est belle, lettrée, vive d'esprit. Et dotée d'une forte personnalité comme le promis ne va pas tarder à le constater.

— Oui, on dit qu'il était réservé, austère, dévot.

— Barbant surtout ! Je pensais épouser un prince, j'ai découvert un moine.

Éloi, son voisin de table, a un petit rictus et jette un regard sur ses mornes sandales.

Cette même année 1137, Louis VI trépasse. En août, Louis, VIIe du nom, est couronné. Le couple monte sur le trône. Aliénor devient reine de France, le roi Louis, duc d'Aquitaine. Ironie de l'histoire, c'est grâce à l'union de deux adolescents que le domaine royal fait une belle poussée de croissance.

Aliénor pose ses valises à Paris. Elle en déballe son faste, sa culture méridionale et ses troubadours dont les odes à l'amour ne sont pas du goût de tout le monde à la cour.

Le caractère très affirmé d'Aliénor est aux antipodes de celui de son mari ; on ne peut imaginer deux époux plus mal assortis. Pour ne rien arranger, personne n'a préparé Louis au métier de roi, qui devait échoir à son frère Philippe, hélas écrasé par son cheval, lui-même affolé par un cochon ayant bêtement croisé leur route. La poisse. Cette mort pitoyable bouleverse le destin de Louis, qui, ayant grandi chez les frères, se destinait à entrer dans les ordres. Pour faire ses Humanités, c'est parfait. Pour apprendre le commandement des hommes, conduire la guerre et négocier la paix, c'est moins approprié.

Il est cependant conseillé par l'excellent Suger, ancien ministre de son père, et abbé de Saint-Denis. Qu'il va pourtant congédier, car Aliénor lui reproche de trop se mêler des affaires de son Aquitaine…

Louis est indécis et mal assuré. Aliénor, elle, déborde d'initiatives et d'idées. L'amour sincère du premier en fait une proie facile pour l'habileté de la seconde qui sait défendre ses vues. Une situation potentiellement dangereuse quand il n'y a plus personne pour encadrer les décisions parfois inopportunes de ces jeunes gens.

C'est ainsi que, pour une querelle de nomination à l'archevêché de Bourges, puis pour assouvir le caprice de sa belle-sœur Pétronille – qui, appuyée par Aliénor, veut épouser un homme marié –, Louis VII s'est mis dans une situation intenable. Le pape Innocent II l'a excommunié et a jeté l'interdit sur le royaume de France. Un traumatisme terrible pour celui qui se destinait à la vie monastique, doublé d'une abomination, lorsque l'on a été oint à Reims avec la Sainte Ampoule de Clovis.

Finalement Louis VII, se sentant trop coupable face à Innocent, jette l'éponge, et celui-ci accepte de lever ses terribles sanctions. Du coup, le roi, qui a gros à se faire pardonner, tient une excellente occasion lorsque le rugueux abbé Bernard de Clairvaux prêche le départ pour la croisade.

Cette deuxième édition a pour objectif de reprendre le comté d'Édesse, l'un des États latins d'Orient créés dans la foulée du succès de la première croisade, en 1098, et repris par les Arabes en 1144.

Juin 1147. Louis VII rappelle Suger et lui confie la régence. Puis s'élance pour la Terre sainte, accompagné de trois cents chevaliers, de milliers de fantassins et... de son épouse.

— Mais qu'alliez-vous faire dans une si périlleuse expédition, à l'autre bout du monde ?

— Périlleuse? Mais à qui croyez-vous parler, jeune homme ? Je ne suis pas de nature craintive. Et il n'était pas question de manquer ça !

Et encore moins de se retrouver tous les jours en tête-à-tête avec le père Suger, qu'on peut légitimement en effet imaginer un rien amer.

Le corps expéditionnaire des Francs converge avec les troupes de l'Empereur du Saint Empire romain germanique et arrive au Levant. À Antioche précisément, où ils sont reçus par Raymond de Poitiers, archétype du beau chevalier, aussi valeureux que galant. Et dont l'évocation par mon invitée illumine instantanément le regard.

— Ah Raymond... Quel hôte merveilleux.

Et pour cause, car cette halte tient en effet plus d'un séjour au *Club Med* que de la stricte veillée d'armes. Raymond sort le grand jeu à ses invités, leur offrant une farandole de bals, de festins grandioses et autres réjouissances variées. Au bout de trois semaines de bombance, Louis VII est las et gras, il n'a pas pris la croix pour faire la ribouldingue. Ni d'ailleurs pour voir sa femme marivauder quasi ouvertement avec leur amphitryon... On peut aisément comprendre sa contrariété, d'autant que le sémillant Raymond est quand même l'oncle d'Aliénor. Un tonton noceur passe encore, mais un tonton cavaleur, ce n'est pas correct pour le très pieux Louis.

Aliénor, avant même que je puisse m'interroger sur la nature de cette relation, met les choses au clair :

— Sachez Monsieur qu'il ne s'agissait là que d'une honnête tendresse familiale, rien de plus.

— Puisque votre biographe Jean Flori vous accorde aussi le bénéfice du doute, je n'insiste pas. Mais Raymond n'a-t-il pas un peu cherché à utiliser votre position pour faire valoir ses plans auprès de Louis VII ?

À savoir foncer sur Alep, place forte dont la prise permettrait de libérer Édesse et de repousser la menace pesant sur Antioche.

— Pas du tout. Et nous ne reviendrons pas sur le sujet.

N'ayant aucune envie de contrarier la reine, dont hélas le caractère et la beauté entament déjà mon objectivité, je n'insiste pas. Faute de témoignage direct, laissons aux bambocheurs de l'« Affaire d'Antioche » leur secret inviolé.

Aliénor me confirme cependant avoir ouvertement pris le parti de Raymond contre l'option défendue par Louis VII. Face à un tel affront, celui-ci n'écoute plus son épouse. Est-ce la jalousie, notoirement mauvaise conseillère, qui prend la direction des opérations ? Le roi s'entête et met le cap sur Jérusalem. La reine rechigne à l'accompagner, il l'embarque de force. Depuis la ville sainte, il tente de prendre Damas. Sauf que derrière leurs murailles, les assiégés se sont préparés au retour des chrétiens depuis des lustres. Après seulement quatre jours à gesticuler sous les remparts, les croisés rembarquent, ridicules et défaits.

Au sein du couple royal, l'ambiance est pour le moins tendue, car Aliénor a vraisemblablement commencé à aborder la question de l'annulation de leur mariage. Après avoir étudié son dossier, et trouvé de quoi soulever un grief de consanguinité au quatrième degré entre son époux et elle.

— Attendez, c'est vous-même qui avez évoqué l'idée de la rupture ?

— Oui. C'est vrai que ce n'était pas quelque chose qui se faisait à l'époque. Il semble d'ailleurs que cela ait beaucoup contrarié Louis.

La fâcherie est telle qu'au retour les époux royaux appareillent sur deux navires différents. Celui de la reine connaît d'ailleurs quelques impondérables. Capturée par les Byzantins, Aliénor est délivrée par les Normands, maîtres de la Sicile. Simples vicissitudes pour cette intrépide, au terme desquelles elle retrouve Louis en Calabre avant que le nouveau pape Eugène III ne les reçoive en audience privée.

Le souverain pontife, thérapeute de couples royaux, semble les rabibocher provisoirement par ses saintes paroles. En tout cas suffisamment pour qu'Aliénor enfante d'une fille neuf mois plus tard, qui rejoint sa grande sœur, née six ans plus tôt. Deux filles, toujours pas de mâle héritier et, pour Louis, des doutes persistants sur la fidélité d'Aliénor. De réconciliations en brouilles, il se résout finalement à convoquer l'inéluctable concile. Le 21 mars 1152, des évêques complaisants, réunis au château de Beaugency, prononcent la nullité du mariage en se fondant sur le fameux degré avancé de consanguinité qui semble satisfaire les deux parties. Louis VII conserve la garde de ses filles et, contre une compensation financière, laisse filer l'Aquitaine, terre qu'il juge de toutes les façons par trop ingouvernable. Louis avale ici une sacrée boulette qu'il va avoir du mal à digérer. D'ailleurs, Aliénor en rit encore.

Enfin libre. Aliénor a 30 ans, un célibat retrouvé, une beauté intacte et son cher duché d'Aquitaine à nouveau bien à elle. Un beau parti tellement convoité que deux prétendants, Thibaud de Blois et Geoffroy de Plantagenêt, tentent coup sur coup de l'enlever. De véritables rapts, dont elle réchappe à chaque fois. Désormais, personne ne dira plus à Aliénor qui elle doit épouser. Ni ce qu'elle doit faire.

Mais deux mois à peine après l'annulation de son mariage, un jeune Angevin plein d'avenir parvient à la conquérir. Il s'appelle aussi Plantagenêt, mais Henri cette fois. Il a douze ans de moins qu'elle, et respire la force et la vitalité. Avec, en prime, une indéniable agressivité, ce qui n'est pas pour lui déplaire après ces dix années passées avec le placide Louis.

— Pardon Altesse, mais cet Henri, c'est donc le fils du Geoffroy Plantagenêt qui a tenté de vous épouser de force ?

— Tout à fait, et avec qui je démens toute idylle. Ne commencez pas à écouter les ragots de courtisans en provenance de Paris.

Qu'il y ait eu aventure ou non avec le père, laisser filer Henri, comte d'Anjou et duc de Normandie, aurait été du gâchis. Le mariage d'Aliénor et Henri est célébré dès le printemps 1152, dans l'intimité, à Poitiers.

— Pourquoi cette discrétion ?

— Il était de fait un vassal de mon ex-mari. Et à ce titre, il aurait dû le consulter pour m'épouser. Avec le recul, j'aurais tellement aimé voir la tête de ce pauvre Louis !

Et dès le mois d'octobre 1154, ce pauvre Louis tient donc une autre bonne raison d'en faire une, de tête, et une belle. Car à la faveur du décès d'Étienne, roi d'Angleterre, Henri, qui était son fils adoptif, monte sur le trône. Illico Aliénor redevient reine, mais cette fois d'Angleterre. Et apporte l'Aquitaine dans son trousseau. Grâce à elle, le nouvel Henri II domine un territoire qui s'étend de l'Écosse aux Pyrénées, enveloppant la moitié ouest de la France : l'Empire des Plantagenêts.

Quand Henri et Aliénor posent leurs malles, c'est donc à Londres et à Bordeaux. Entre quelques chevauchées pour administrer ce vaste domaine, ils consacrent leur temps libre à se reproduire et commettent huit enfants, dont cinq gaillards. Les premières années du règne d'Henri, la reine le seconde depuis Londres quand il est retenu pour affaires sur le continent. Mais il aimerait pouvoir diriger plus directement cette Aquitaine, dont l'aristocratie est allergique à l'autorité et jalouse de son autonomie. À en croire les auteurs du haut Moyen Âge, ce n'est pas un fait nouveau. Souvenons-nous de Charlemagne… La noblesse locale traîne depuis plusieurs siècles la réputation de n'être qu'insubordination et bellicisme. Dans leurs écrits, les Anglais comme les Français décrivent les Aquitains en bagarreurs bornés et indociles, aux fidélités aléatoires.

— Des va-t-en-guerre doublés de faux-jetons donc !

Aliénor n'apprécie franchement pas ma façon de résumer et, prenant à témoin son compatriote Éloi, me lance, glaciale :

— Nous nous passerons encore de vos commentaires parisiens, Bruno.

Peu m'importe cette dernière réprimande, j'exulte en silence ; elle a enfin dit mon prénom.

Elle précise que l'image sulfureuse de ses congénères – alimentée par les difficultés que les suzerains successifs ont rencontrées dans leurs efforts de pacification – se nourrit d'un solide dédain des élites du Nord pour leurs homologues sudistes. Une nette démarcation sépare les contrées sous influence germanique des régions méridionales, encore imprégnées de culture romaine. La France des langues d'oïl face à celle des langues d'oc.

En sourdine, j'en tire des conclusions géopolitiques sur les origines d'un antagonisme qui, bien plus tard, creusera un fossé infranchissable entre tenants du pain au chocolat et partisans de la chocolatine.

Hélas, Henri II ne s'intéresse pas plus à l'anthropologie qu'à la viennoiserie. Dans les tendances autonomistes de l'aristocratie, il voit avant tout une bande de frondeurs à l'accent risible. Alors, quand en 1168 sonne la révolte, il la mate promptement par le fer et le feu.

Pour asseoir son autorité sur la région, il intronise son fils Richard, duc d'Aquitaine et comte de Poitiers.

Âgé de 12 ans, celui-ci est très activement secondé par sa mère Aliénor. Esprit brillant, Richard s'imprègne de culture poitevine et occitane, à laquelle la reine, malgré son allégeance et son soutien à son époux, est restée fidèle et très attachée. Il devient ainsi son fils favori. En retour, c'est le plus aimant de ses enfants.

Jours tranquilles à Poitiers. Aliénor renoue avec l'environnement qui a bercé sa jeunesse. Elle mécène les musiciens, les poètes et, bien sûr, les troubadours. Peut-être regrette-t-elle le plus fameux d'entre eux, Bernard de Ventadour, qui, jadis, fréquentait sa cour? De son amour pour la belle duchesse est née une œuvre lyrique. Le mariage de celle-ci avec sire Plantagenêt a fait dépérir sa passion en dépit amoureux.

— N'est-ce pas Henri II qui l'a chassé, agacé du manque de distanciation sociale entre vous?

— Allégation impudente! Taisez-vous. Et écoutez plutôt ces vers magnifiques tirés de *La chanson de l'alouette* :

« Las! combien je croyais savoir
D'amour, et combien peu j'en sais,
Moi qui ne puis ne pas aimer
Celle dont je n'aurai jamais profit.
Elle prit mon cœur, et m'a pris
Avec elle-même et le monde,
Et dans ce rapt, ne m'a laissé
Que désir et cœur assoiffé. »

Ode bouleversante qui s'inscrit dans une nouvelle école en pleine éclosion : la littérature courtoise. Des romans chevaleresques sont publiés, comme la version de la légende de *Tristan et Yseult* de Chrétien de Troyes. L'amour courtois, drague aristocratique et sophistiquée, naît à cette époque. Pour une fois, l'imaginaire médiéval se fait plus fleur bleue que fer rouge. Les soudards vouent leur bravoure à la conquête d'une gente dame. Qui est d'autant plus inaccessible qu'elle est en général de rang social supérieur, souvent même déjà unie au seigneur du preux chevalier. Lui se doit de briller pour elle, d'être soumis à la belle, de faire des étincelles dans les tournois ou à la guerre pour goûter une victoire qui sera amoureuse, clandestine et rarement charnelle. Car l'amour courtois est l'univers du désir, de la frustration et de l'attente. L'inverse du mariage, qui se consomme quotidiennement.

— "On ne désire pas ce que l'on possède", dis-je, citant Casanova.

Ai-je raison de percevoir dans le regard de ma troublante invitée l'esquisse d'une connivence ?

Quoi qu'il en soit, cet amour courtois paraît un havre de sentimentalité très émouvant dans ce monde de brutes épaisses. Tellement, que cette vision idyllique nous a peut-être été survendue par les romanciers médiévaux. Plus prosaïquement, l'amour courtois serait aussi un ensemble d'usages archicodifiés destinés aux jeunes aristocrates qui, en passant par les femmes, veulent se mettre au mieux avec leur N+1 féodal. Voire le supplanter. Bref, des combines sournoises de petits Rastignac avant l'heure.

Fantasme ou réalité enjolivée, le nom d'Aliénor reste associé à ce qu'on nomme *fin'amor* en langue occitane.

— Mais quid des "cours d'amour"? On dit qu'avec votre fille, Marie de Champagne, vous rendiez des jugements à l'aune des préceptes de l'amour courtois.

— Bruno, ces "cours d'amour" n'ont jamais existé! C'est une invention d'André le Chapelain dans son *Traité de l'amour.* Je suis habituée, on m'associe systématiquement à tous les fantasmes liés à mon époque. Dites-vous bien que je ne suis pas l'instigatrice de ce mouvement.

En effet. Mais l'une des inspiratrices, certainement. Ainsi, quand légendes et chroniques se tournent autour, il devient compliqué de séparer le réel du fantasmé et l'on ne sait plus si c'est à partir de la vie d'Aliénor qu'ont été composés les personnages de Guenièvre, Arthur et Lancelot, ou si ces figures de la Table ronde aux relations ambiguës ont servi à lui tailler une légende.

Je constate que cela fait un moment que l'on est sans nouvelles d'Henri II.

— Oh, Henri n'a pas été trop submergé par l'onde courtoise.

Plus occupé à faire reconnaître sa suzeraineté sur le comté de Toulouse au fil de son épée, pacifier l'Angleterre à coups de hache et s'emparer de l'Irlande au gourdin. Mais ses conquêtes ne sont pas toutes militaires. Aliénor fermait discrètement les yeux sur ses aventures sans lendemain, jusqu'à cette relation suivie qu'il entretient avec Rosemonde Clifford, et qui la rend furibarde.

Elle rentre définitivement en Aquitaine, actant une séparation de fait. Les nuages noirs s'amoncellent.

Cela ne va d'ailleurs pas fort chez les Plantagenêts ; les parents sont brouillés et les fils font une crise d'adolescence musclée. Avec le soutien de leur mère, ils se rebellent en mars 1173 contre leur père qui ne tient pas ses engagements. Il bride leur pouvoir et radine sur leurs revenus. Les vassaux d'Henri ne laissent pas passer une si belle occasion de se soulever. Pour la plus grande joie de Louis VII – coucou le revoilou – trop heureux d'apporter son concours… évidemment désintéressé.

Cependant, en 1174, au terme d'une année de combats en Grande-Bretagne comme sur le continent, Henri II finit par éteindre un embrasement devenu général.

— Je ne tiens pas à me mêler de l'éducation des enfants des autres, mais la nature des liens qui soudent la famille Plantagenêt me questionne, chère Aliénor.

— Oh, ça, mon pauvre ami… Soyez sans illusion. Je peux vous citer ce qu'en dit mon fils Geoffroy, qu'Henri empêche d'exercer son autorité sur le duché de Bretagne : "Il nous a été donné par nature […] qu'aucun de nous n'aime l'autre, et que toujours le frère combattra le frère et le fils le père de toutes les forces dont il sera capable."

D'accord, me voilà éclairé ; on a les enfants qu'on mérite.

Quant à Aliénor, dont Henri ne connaît que trop les capacités à jouer les agents perturbateurs, il l'avait interceptée l'année précédente en 1173, tandis qu'elle chevauchait nuitamment à hauteur de Chinon déguisée en homme et galopant vers Paris pour trouver refuge chez le roi de France, son ex-mari. Finalement son escapade costumée finit en Angleterre, où elle est enfermée par son époux au monastère de Salisbury. Elle y passe presque quinze ans ! À son tour – mais sans succès –, Henri II tente de faire annuler leur mariage. Au milieu des années 1180, elle est toujours détenue mais bénéficie d'une forme de semi-liberté. Il la ménage car son entregent reste précieux, étant la seule que leur fils écoute. Il l'envoie sur le continent pour raisonner leur petit Cœur de Lion, de nouveau entré en dissidence contre son père. Car c'est bien de ce fameux Richard-là qu'il s'agit.

Elle évoque avec une émotion perceptible ces années de retraite forcée, si douloureuses pour cette hyperactive. La reine d'Angleterre recouvre enfin sa pleine liberté au cours de l'été 1189.

— Il s'est enfin montré magnanime ?

— N'importe quoi ! Pas du tout ! Il a été rattrapé par un énième ulcère qui, lui, s'avérera fatal dans un nouveau conflit avec mon Richard.

Une fois encore mon silence eût été d'or ; je m'en veux.

Quoi qu'il en soit, le tyran paternel disparu, c'est l'enfant chéri d'Aliénor qui récupère la couronne et libère donc sa maman dès son avènement. *Queen Mum* fait un *come-back* retentissant.

La reine s'installe à Windsor, à proximité du fiston, le nouveau roi Richard Ier. À bientôt 67 ans, toujours fringante, elle reprend ses cavalcades à travers les États Plantagenêts et redouble d'activisme politique. Feu Henri avait enfermé des barons récalcitrants, elle les libère à la condition qu'ils jurent fidélité à la couronne.

Le tocsin appelle maintenant les bons chrétiens à la troisième croisade. L'objectif est cette fois de reprendre Jérusalem, tombée aux mains de Saladin. L'Empereur germanique, Frédéric Barberousse, sera du voyage, ainsi que le roi de France, Philippe Auguste, l'héritier qu'a tant attendu Louis VII.

— Sur vos conseils avisés, Richard va partir aussi, m'a-t-on dit ?

Cette tentative de flagornerie touchant sa fibre maternelle passe mieux que les précédentes.

— Disons que je lui ai soufflé. À 33 ans, mon grand garçon n'est toujours pas marié, aussi j'ai pensé que l'air méditerranéen et un peu d'exercice militaire finiraient de me l'affermir.

Et de justifier enfin cette appellation léonine qui a fait sa légende.

Pendant son absence, Aliénor assure la régence. L'intendance, la diplomatie, les alliances matrimoniales… jusqu'à courir en Sicile, à l'hiver 1190, pour présenter à Richard sa future épouse, Bérengère de Navarre, juste avant qu'il s'apprête à prendre la mer pour fondre sur la Terre sainte. Aliénor c'est Wonder Woman.

J'écoute, médusé, ces récits de pérégrinations sans fin. Moi, pauvre citadin du XXIe siècle, qu'assignent à résidence un « épisode neigeux », une grève des transports en commun ou un virus envahissant… j'ai du mal à concevoir cette ubiquité. Le mariage de Richard et Bérengère célébré dans la foulée à Chypre, Aliénor retourne en Angleterre faire pièce à l'offensive de Philippe Auguste. En effet, le roi de France a quitté la croisade pour des dossiers plus urgents. Parmi lesquels l'alliance avec le prince Jean sans Terre, le benjamin d'Aliénor, frère de Richard Cœur de Lion. Jean a profité de l'absence de Richard, qui menait consciencieusement sa croisade, pour tirer la couverture royale à lui, tel le scélérat de base.

La reine mère parvient tant bien que mal à mettre un terme aux agissements du prince Jean, tous catastrophiques pour l'Empire des Plantagenêts. Envieux, instable, volontiers cruel : le roman médiéval *Robin des Bois* en brosse un portrait plutôt fidèle.

L'affreux petit vaurien, dernier de la fratrie, n'est jamais en reste d'une rosserie. Ne voyant pas rentrer Richard de la croisade, il s'empresse de faire courir le bruit de sa mort. Pourtant, Richard est bien vivant. Certes, en fâcheuse posture et encore loin de Windsor. Alors qu'il essayait de regagner l'Europe incognito, il s'est fait capturer et a été livré au nouvel Empereur germanique, Henri VI, qui le garde au frais contre rançon. Un chantage d'autant plus scandaleux que les croisés sont censés être protégés par le pape qui, hélas, cette fois-ci, laisse courir.

Avec un tel sacripant en guise de progéniture, ce n'est plus seulement une charge mentale qui pèse sur la Mère Aliénor, c'est aussi un fardeau financier. D'environ 150 000 marcs d'argent.

— Dites-moi, je sais que les Allemands aiment les monnaies fortes mais je ne me rends pas compte de ce que cela représente.

— L'équivalent de deux années de rentrées fiscales anglaises.

— Ah d'accord ! Effectivement. Maintenant je visualise mieux.

Insurmontable. Sauf pour cette maman louve, à qui rien n'est impossible dès qu'il s'agit de secourir son fils préféré. Elle fait cracher au bassinet les barons du royaume, réunit la rançon et la porte elle-même, à 70 printemps et quelques en 1194, à Mayence, d'où elle revient avec Richard. Qui, à son retour, écarte son gredin de frangin usurpateur.

Avril 1199. Richard est à la tête de l'Empire des Plantagenêts. Si étrangement fichu, de part et d'autre de la Manche, qu'il ne laisse aucun répit à son dépositaire. À peine vient-il d'infliger quelques roustes à Philippe Auguste dans le Vexin, qu'il lui faut régler quelque nouvelle embrouille féodale dans le Limousin.

— Vos congénères aquitains ne se reposent-ils donc jamais ?

— Hélas, non. Et au cours d'un banal siège du château de Châlus-Chabrol, mon trésor est gravement blessé d'un carreau d'arbalète. Je n'ai eu que le temps d'accourir pour recueillir dans mes bras le dernier souffle de mon fils tant aimé.

Un silence respectueux s'installe autour de la table.

Malgré son grand chagrin et ses 77 ans, Aliénor agit comme elle l'a toujours fait. Elle va de l'avant, et plutôt que de laisser les événements décider pour elle, les façonne à sa guise. La situation a évolué et l'increvable canaille

Jean sans Terre est cette fois la moins mauvaise solution. De nouveau, Wonder Aliénor galope à travers l'Anjou, la Touraine, la Normandie. Elle rallie les uns, lâche du lest au roi de France, manœuvre auprès de tous pour atteindre son but : la reconnaissance des droits de Jean sans Terre sur la couronne d'Angleterre et ses nombreuses dépendances. Un rapide coup de gouvernail et elle s'adapte. Celle que certaines tristes figures dépeignaient en héritière légère et inconséquente montre sa détermination froide et résolue au service de l'intérêt supérieur de la monarchie. Ce qui n'exclut bien sûr en rien le service de ses propres intérêts. Aliénor n'est pas non plus une aïeule de Bernadette Soubirous.

Malheureusement, Jean la fripouille n'a guère mûri. À 33 ans, le toujours sale môme enchaîne les erreurs stratégiques, est souvent défait, et à cause de ses détestables manières, a le chic pour s'aliéner le soutien des nobles locaux.

De son côté, Aliénor, sûrement affligée, œuvre surtout à la réconciliation entre Capétiens et Plantagênets et cherche la bonne candidate pour épouser Louis, le rejeton de Philippe Auguste. Direction la Castille, où, au mois de janvier 1200, elle désigne volontaire sa propre petite-fille, la jeune Blanche. Le futur Louis VIII et Blanche de Castille se marient, et l'on se recueillera longtemps au souvenir de l'un de leurs enfants, Louis IX *alias* Saint Louis, arrière-petit-fils d'Aliénor. Quelle lignée, mes aïeux.

Cette ultime tâche accomplie, elle se retire à l'abbaye angevine de Fontevraud. Au moment où la domination des Plantagenêts se fissure de partout. Jean sans Terre a ce coup-ci trouvé le moyen, après être passé par les sobriquets les plus infamants, de se faire déclarer félon, acmé d'une carrière bien remplie par Philippe Auguste, qui lui confisque la Normandie et l'Anjou.

Cruelle fin de cycle pour Aliénor, puisque la perte du Poitou suivra de près sa mort, en avril 1204, à plus de 80 ans. De son cher duché d'Aquitaine ne reste que la Guyenne, sous contrôle anglais jusqu'au déclenchement de la guerre de Cent Ans en 1337.

Elle est inhumée sous son gisant à Fontevraud, aux côtés de son époux Henri et de son fils bien-aimé Richard, tous les trois enfin réunis dans la sérénité.

Ainsi s'achève le roman d'une figure centrale de l'Histoire, autant française qu'anglaise.

— Vous restez, Madame, le plus inoubliable trait de désunion avec la Grande-Bretagne.

Elle semble apprécier ma facétie. Enhardi, je poursuis.

— Une île, rappelons-le, conquise par le Normand Guillaume le Conquérant en 1066, et dont Clemenceau disait qu'elle n'était qu'une colonie française qui avait mal tourné.

Elle rit ; je tutoie les anges.

Aliénor n'est plus ; sa légende prend le relais. Tandis que mon âme est conquise, il faudra du temps pour que s'adoucisse le regard des historiens. Les chroniqueurs gravitant autour des rois de France lui ont fait une réputation d'allumeuse quasi nymphomane. Au cours des XIXe et XXe siècles, la reine futile et inconséquente qui se mêle de politique devient celle qui entrave l'unification de la France. Une fauteuse de troubles, dont l'inconduite nous a coûté trois siècles de guerres avec l'Angleterre. Épouvantable reliquat d'une misogynie aussi rance que tenace. Il faut attendre ces cinquante dernières années pour qu'on reconnaisse à la duchesse d'Aquitaine sa constante clairvoyance sur les enjeux politiques auxquels elle était confrontée, dans un contexte qu'il est aussi scandaleux qu'absurde d'ignorer.

Incompréhensible et insupportable au commun des mâles du XIIe siècle, Aliénor parcourt sa longue existence comme elle chevauche à travers l'Europe : au galop. En affrontant mille dangers mais en sachant où elle va.

Ses contempteurs ont beau l'accabler, celle qui a certes mis la monarchie française dans un sacré pastis fait vibrer de bonheur les amoureux d'histoire. Les périodes de calme remuent tellement moins les passions.

Le XXe siècle viendra donc bien assez tôt, qui scellera en 1904 la réconciliation entre les deux nations dans le cadre de l'Entente cordiale. En attendant, je savoure, le temps d'un souper, la compagnie de l'étourdissante Aliénor, figure de choix de la mésentente courtoise.

Christine de Pizan
(1364 – vers 1430)

Christine de Pizan, femme des années 1380

Mes invités ont, semble-t-il, brisé la glace des siècles qui les séparent et engagé la conversation. Ravi, je les observe à l'écart, embrassant du regard ce salon qui s'anime avec ses meubles, dont les plus anciens n'ont pas un dixième de l'âge de mes convives, mais sont déjà morts de n'avoir rien à me raconter. Voilà pourquoi, à l'exception peut-être de ce petit guéridon suédois que je suis parvenu à monter sans mode d'emploi et qui a toute ma tendresse, je leur ai toujours préféré mes livres. Seuls objets vivants puisque dotés du langage. La nuit, il me semble distinguer, quand le foyer retrouve le silence, un imperceptible murmure, comme une conversation secrète des volumes, inaccessible aux humains. Plusieurs fois, j'ai tenté de prendre part à ces messes basses en leur soumettant ma grande interrogation : « Qui êtes-vous vraiment ? Pourquoi vous écrit-on ? » Toujours ma question est restée pendante, ignorée dans cette omerta de papier. Alors, résigné, je regarde ma bibliothèque et me demande : « Qui suis-je, dans quel état j'erre ? »

Le tintement de la sonnette ramène brusquement au sérail mes pensées nomades teintées de calembours homophoniques éculés.

Dès l'entrebâillement, je la reconnais immédiatement.

— Bonjour, Christine.

Vêtue d'une longue et sobre robe bleue, coiffée d'une cornette à deux pointes lui donnant une touche glamour très fin XIVe siècle, Christine est décidément très parisienne.

L'expression de son visage est énigmatique. Un sourire aussi naturel que réservé allume sa beauté. Cette lueur est presque froide, son regard restant voilé d'une insaisissable mélancolie. Comme l'estampille discrète mais inaltérable d'épisodes tragiques anciens.

Avec mille égards, je lui propose de rejoindre la table. J'aperçois Aliénor qui la scrute d'un œil défiant par réflexe mais curieux par nature. Je préfère quand même l'inviter à s'asseoir à côté d'Alcuin. Ces deux esprits voisins devraient se trouver des affinités car Christine de Pizan, femme de lettres, est tout aussi graphomane que l'écolâtre de Charlemagne.

Elle écrivait à la plume d'oie, avant l'invention de l'imprimerie, sur des parchemins qui réclamaient d'être repliés, coupés puis reliés, que l'on appelle codex. L'acte même d'écrire exigeait des trésors de maîtrise et des sommes d'effort épuisantes. Quelle était la quête intime de ces auteurs, autant ouvriers-artisans qu'écrivains ? Et comment et pourquoi une femme de la fin du Moyen Âge a-t-elle brisé son corset social pour publier trois dizaines d'ouvrages, devenant ainsi la première femme en France à vivre de ses écrits ?

J'ai l'espoir que mon invitée me remette la clef de ces mystères.

— Chère Christine, je sais que tu t'es déjà livrée à travers tes nombreux ouvrages. Mais je souhaiterais que tu nous racontes ton parcours de vie depuis sa genèse.

Femme, écrivain, amoureuse dans son mariage... Ces quelques mots s'entrechoquent dans l'esprit en alerte de mes visiteurs masculins. Car plus tôt dans la soirée, ils ont déjà été bien secoués dans leurs viriles certitudes par Aliénor, qui, elle, en revanche semble s'adoucir.

La conteuse nous transporte à la fin de l'année 1368, au Louvre. Christine, née à Venise trois ans plus tôt, y arrive avec sa famille qui a suivi Tommaso di Benvenuto da Pizzano, le papa, appelé à la cour du roi de France, Charles V dit le Sage. Astrologue et médecin, Tommaso quitte donc la sérénissime République avec sa femme, sa fille et leurs deux garçons. Ils s'installent dans mon quartier d'enfance quasiment fondé par Éloi sept cents ans auparavant. Celui de l'hôtel Saint-Paul, résidence principale du roi, un peu excentré pour le Paris de l'époque mais à côté d'une forteresse dont Charles V vient d'ordonner l'extension : la Bastille.

Les Pizzano débarquent donc en 1368, dans un royaume qui a connu des jours meilleurs, ravagé vingt ans plus tôt par la peste noire, et au cœur d'une guerre de Cent Ans, commencée en 1337. Heureusement, ils profitent d'une relative période d'accalmie puisque le conflit fait relâche depuis bientôt neuf ans, « grâce » à la signature du traité de Brétigny en 1360, qui a contraint la France à lâcher aux Anglais, en plus de leur Guyenne historique, la Gascogne, le Poitou, le Périgord, l'Angoumois, la Saintonge, le Ponthieu et l'Armagnac. Cette terrible querelle dynastique a amputé la France d'un tiers de son territoire.

Voilà le contexte dans lequel s'apprête à grandir la jeune Christine, qui connaît très bien les récentes péripéties de son pays d'adoption. En historienne qui se respecte, elle remonte pour nous aux causes de ce fameux traité. Des trois fils de Philippe le Bel, mort en 1314, aucun n'a été fichu de vivre assez longtemps pour commettre un héritier mâle. C'en est fini du « miracle capétien » qui, depuis 987 et l'avènement d'Hugues Capet, avait permis une succession ininterrompue de père en fils. Devant ce cas inédit, les grands féodaux du royaume tranchent la question en 1316 après la mort de Jean le Posthume, puis en 1328 après celle de son frère Charles IV. La position majoritaire est que la couronne ne peut être transmise à une femme ni *par* une femme.

— Oui, à cause de la loi salique ! dis-je en m'appuyant sur Clovis, l'un des tenants de cette loi.

Christine me recadre illico.

— Bruno, nous sommes entre gens sérieux non ? Tu évoques là une loi exhumée trente ans après la querelle de succession par un obscur moine, fouillant dans la bibliothèque de Saint-Denis pour trouver de quoi justifier *a posteriori* l'exclusion des femmes de la transmission.

— Ah mais tout à fait ! Je voulais au contraire souligner le détournement spécieux de cette loi…

Rendue sourde par son courroux, elle ne m'entend plus et poursuit :

— Et penses-tu aussi comme Jean Jouvenel que "c'est office viril que d'être roi de France" ? Ou comme le disait ce mufle de Jean Froissart, que "la couronne de France ne peut tomber de lance en quenouille" ?

Je préfère surtout ne plus rien dire et l'écoute m'expliquer qu'on aurait pu se passer de ces pitoyables considérations misogynes, car si les Grands ont agi ainsi, c'est essentiellement pour éviter qu'un prince étranger ne mette la main sur le royaume après s'être marié avec l'héritière. Une sincère mansuétude à l'égard de ces phallocrates qui s'explique en grande partie par un patriotisme sans failles, qui ne la quittera jamais.

Alors en 1346, presque dix ans après le début de la guerre, Édouard III d'Angleterre débarque en France pour faire sa fête à Philippe VI, un Capétien de la branche des Valois au profit duquel il a été écarté du trône de France. Philippe, avec son ost (l'armée royale composée de la fine fleur de l'aristocratie), s'apprête donc à affronter avec une évidente suffisance des Anglais trois fois moins nombreux sur le plateau de Crécy. Et pourtant, très vite, cette bataille pour la couronne se transforme en foire du Trône. Car dans la plus grande confusion, la chevalerie française en vient à tailler en pièces ses propres alliés génois, qui gênent sa charge sur les lignes venues d'outre-Manche. Les bordéliques Français se croient au chamboule-tout, quand les rigoureux archers anglais sont au stand de tir et font mouche à chaque salve de leur arc long qui envoie jusqu'à quatorze flèches à la minute. C'est une déculottée historique.

Et pourtant, dix ans plus tard, rebelote à Poitiers. L'humiliante déroute n'a guère été méditée par le rejeton de Philippe VI. Jean II Le Bon (épithète pour le moins hasardeuse en l'occurrence) rejoue cette pantalonnade. Encore moins nombreux mais plus professionnels, précis et disciplinés qu'ils ne l'étaient déjà… les archers anglais transpercent des barons français, pour leur part toujours aussi lourds et engoncés dans leur panoplie de chevaliers d'opérette, dignes du Puy du Fou. Devant une telle marmelade, c'est à se demander si les rares victimes anglaises ne sont pas tout bonnement mortes… de rire.

Le désastre poitevin est encore aggravé par la capture du roi Jean II, décidément de moins en moins bon. Sa libération, objet d'âpres négociations, n'est envisagée qu'après la signature du sus-cité traité de Brétigny en 1360 qui, en plus de l'amputation territoriale, exige le versement d'une coquette rançon de quatre millions d'écus. Pour laquelle est frappée une nouvelle monnaie d'or : le franc.

Jean II meurt quatre ans plus tard, en 1364, et le dauphin Charles V est sacré à Reims la même année. Lucide devant la situation du royaume, il décide de le laisser souffler pour qu'il reprenne des forces. Il réorganise les finances, l'armée, tisse des alliances extérieures, intrigue. Et dans la douce quiétude de la bibliothèque – objet de toutes ses attentions qui lui vaudra le surnom de *Sage* et aménagée dans l'ancienne tour de la Fauconnerie au Louvre – Charles mûrit quand même – bon sang royal ne saurait mentir – une vigoureuse reprise des hostilités pour novembre 1368. Pile-poil pour l'arrivée de Christine et de sa famille.

J'ai bien vu, au mot « bibliothèque », se dresser les oreilles d'Alcuin. Je suggère à notre oratrice de nous régaler de quelques détails pour oublier un peu cette guerre sans fin et revenir à ses quêtes infinies.

Parmi le millier de volumes qu'elle contient déjà, on compte des romans, des recueils de chansons, des ouvrages de médecine, de géographie, mais aussi des livres touchant aux sciences de l'époque : géomancie, chiromancie, astrologie.

Sur ce sanctuaire du savoir veille un garde, Gilles Malet, qui devient l'ami de la famille. Complétant sans doute l'éducation très avancée que son père dispense déjà à Christine, il lui offre la chance de fréquenter la bibliothèque royale. Il lui enseigne l'astrologie, la philosophie, l'arithmétique. Elle découvre les auteurs antiques qu'elle lit en latin, français et italien. S'intéresse à tout, sauf aux apprentissages « féminins » que sa mère tente sans succès de lui inculquer. Très peu pour elle la broderie et la quenouille de cette mère qui « la voulait occuper de filasses ». Décidément non, Christine ne voulait pas faire tapisserie. Elle avait soif de voyages, de lectures et de connaissances.

Le roi a pris la famille sous sa protection. Il fait entrer le père au Conseil restreint, le pensionne grassement, ce qui enjolive encore un peu plus l'enfance déjà radieuse que passe Christine entre les berges de Seine et le quartier Saint-Paul.

— Dix merveilleuses années entre “curiosité scientifique et faste royal”, comme l'a écrit l'historienne Régine Pernoud, dis-je pour jouer les érudits et ne pas trop souligner ce mérité mais indéniable pistonnage.

Et pour parfaire ce tableau de famille idéal, son père se met en tête de lui dégoter un mari en la personne d'Étienne de Castel, un gentilhomme de dix ans son aîné qu'elle épouse en 1379 à l'âge de 15 ans. La jeune fille est devenue un parti très convoité, et le prétendant a été soigneusement sélectionné par le méticuleux sieur Thomas de Pizan sur un critère objectif : celui des belles lettres. Et l'Étienne a du pedigree. Il gravitait déjà dans le milieu de la chancellerie royale, sorte d'ENA de l'époque, et vivier de l'intelligentsia sur lequel le père a ciblé sa stratégie d'alliances. « La science et les bonnes mœurs valaient mieux que la richesse », considère-t-il. Sur ce sage postulat, le gendre plein d'avenir ne déçoit pas en étant nommé notaire et secrétaire du roi en 1380. Bingo.

— Mais c'était, quoi qu'on en pense, un mariage arrangé, chère Christine ?

— Arrangé certes, mais de pur amour conjugal.

Laissant échapper un soupir, elle cite ses écrits dont elle dit ne pas vouloir retrancher une ligne : « Sa compagnie m'était si charmante / Lorsqu'il était auprès de moi / Aucune femme n'était / plus comblée de bonheur. »

Las, par essence, un bonheur pur ne s'éternise jamais. Charles V s'éteint en septembre 1380, après avoir consacré sa fragile santé à requinquer un royaume ravagé par la guerre. Grâce au génie militaire du connétable Bertrand du Guesclin, il a reconquis sur les Anglais la plupart des territoires perdus. Surtout, il a rétabli l'autorité royale en débarrassant le pays des Grandes compagnies, ces troupes de mercenaires mises au chômage par le retour de la paix et qui occupent leurs longues périodes de désœuvrement à piller et rançonner. Son fils Charles VI le Fou, qui n'a pas encore commencé ses dingueries, garde quand même Thomas de Pizan à la cour, mais l'importance de celui-ci diminue proportionnellement à ses gages. Le ciel s'assombrit un peu plus au-dessus de Christine quand ce père adoré décède, vers 1387.

Et en 1390, c'est la foudre qui cette fois s'abat : son cher époux Étienne est emporté par une épidémie. J'ai la gorge serrée de voir les beaux yeux de Christine s'embuer à cette évocation. À 25 ans, elle se retrouve seule, certes avec sa mère, mais surtout avec trois enfants sur les bras. Aux prises avec une meute de créanciers et de débiteurs qu'elle affronte dans une longue série de procès. S'ouvre alors ce qu'elle appelle « la porte des infortunes ».

À la cour, la survie d'une jeune veuve désargentée relève du miracle. Elle n'a guère *a priori* d'autre option que de se trouver un nouveau mari. Ce qu'elle refusera pourtant toujours.

— Dis-moi, Christine, pourquoi n'as-tu jamais voulu te remarier ?

— Eh bien Bruno… Disons que :

« Seulette suis et seulette veuil être,
Seulette m'a mon doux ami laissée,
Seulette suis, sans compagnon ni maître…
Seulette suis, sans ami demeurée. »

Je comprends que ce mari qu'on lui avait pourtant choisi fut et demeurera son véritable amour, celui d'une vie, et je comprends aussi qu'en souhaitant rester fidèle à « l'ami perdu » par un perpétuel veuvage, elle a souffert du regard réprobateur de ses contemporains.

Je me tourne vers la tablée pour préciser que ces vers à la tristesse touchante proviennent des *Cent Ballades*. Quinze ans après, elle évoque encore ce « deuil qui m'enleva toute ma joie et qui depuis lors n'a cessé d'accaparer mes pensées ». En refusant de se remarier, elle a décidé d'assumer elle-même ses besoins. Un choix aussi courageux qu'incroyablement hors norme pour une femme du XIVe siècle, et qui la poussera à faire le plus audacieux et le plus lumineux des paris : vivre de sa plume.

Oh, pas du jour au lendemain. Elle connaît d'abord une longue et difficile période de vaches très maigres. Car au deuil de son mari et à la perte de l'un de ses fils, s'ajoute une interminable série de procès engendrés par l'écheveau de la succession de Papa. Alors certes, comme il le disait, « la science et les bonnes mœurs valent mieux que la richesse », mais hélas ce bel adage philosophique se fracasse sur la triviale réalité de sa lamentable gestion économique.

Plus de royal protecteur ni d'époux : les parties adverses en profitent. Treize années terribles, qu'elle évoquera dans son ouvrage *La Mutation de fortune* mais qui lui seront à terme profitables. Car en défendant vaillamment ses intérêts, elle entretient en parallèle son tissu de relations à la cour et dans les cercles intellectuels.

Avec une volonté et une patience infinies, elle continue d'étudier, parfait sa culture, en particulier historique, complète sa formation. Au contraire d'Aliénor et de sa bougeotte chronique, Christine « se retire dans l'étude et voyage dans ses livres », comme l'a écrit Thérèse Moreau, l'une de ses traductrices.

Déjà à la cour, ses premiers poèmes sont remarqués. Elle distrait l'élite avec toutes sortes d'exercices lyriques : ballades, lais, virelais, « jeux à vendre », qui sont aussi des sortes de poèmes sous forme de jeux de société. Elle publie son premier opus, *Cent Ballades*, autour de 1399. Un recueil composite de textes portant sur la douleur du veuvage ou sur l'amour courtois, et déplorant aussi la maladie du roi.

Puis elle lâche la bride de sa plume. Sa profonde humilité, qui lui avait commandé de pousser loin l'étude avant d'oser écrire, s'estompe enfin devant les succès. La renommée appelle maintenant les mécènes et, au cours de la décennie 1400, elle produit à un rythme effréné.

Voilà qu'à l'évocation de l'amour courtois, Aliénor a penché sa tête couronnée en avant. Je pose moi-même la question :

— Donc, Christine, tu produisais de la poésie "courtoise" ?

— Au début, puis je suis passée à d'autres formes d'écrits. Avant d'y revenir vers 1409 avec les *Cent ballades d'amant et de dame* pour Jean de Berry. Un frère de Charles V, lui-même auteur, à qui l'on doit les *Très riches heures du duc de Berry*, avait payé sa livraison d'amour courtois deux cents écus.

Elle livre donc la poésie commandée, mais toujours rehaussée des épices de sa pensée complexe. Y affleure une tension entre le respect des conventions courtoises et son propre ressenti, sa solitude. À travers ses lignes, elle met les femmes en garde contre la fausseté et l'inconduite des hommes. Car dans l'imaginaire idyllique des preux chevaliers et des gentes dames, elle pointe les artifices d'un amour courtois dont les seuls bénéficiaires sont ces messieurs, au détriment de la réputation des femmes.

— Pourtant, dis-je, il me semblait que les femmes étaient au cœur de bien des écrits de ton époque... Je pense notamment au *Roman de la Rose*.

— Bruno ! Comment oses-tu ?

Aïe. Ma provocation que je pensais simplement taquine suscite l'emportement de ma belle invitée. On croirait que j'ai fait l'éloge de la peste ou du choléra, voire les deux. Son réquisitoire commence aussitôt par rappeler que *Le Roman de la Rose* est un récit courtois sur le sentiment amoureux versifié au milieu du XIIIe siècle par Guillaume de Lorris dans un style délicat et raffiné. Et que le second volet, écrit cinquante ans plus tard par Jean de Meung, est plus sarcastique et provocateur. Alors rétrospectivement, doit-on y lire essentiellement une parodie de Meung vis-à-vis de la première partie, à savoir une satire des mœurs dévoyées du clergé, s'appuyant lourdement, et c'est là que Christine tique, sur une féroce misogynie ? En tout cas, sur fond d'accusations d'incitation à la débauche et d'offense à la religion, c'est la grande querelle littéraire du moment, le *Madame Bovary* du Moyen Âge qui voit deux camps s'étriller sur le terrain de la morale.

Christine, on l'a compris, dénonce surtout la manière dont les femmes sont dépeintes en gourgandines frivoles et intéressées. À ses côtés, mais pour des raisons plus religieuses, l'humaniste Jean Gerson, chancelier de la Sorbonne, est outré par les attaques contre la morale chrétienne. En face, la position de Christine est notamment attaquée par l'écrivain et homme politique Jean de Montreuil qui la décrit ainsi élégamment dans une lettre : « Encore qu'elle ne manque pas tout à fait d'esprit – pour autant qu'une femme puisse en avoir – il me semblait entendre la courtisane grecque Leontion, qui [...] osa écrire contre le grand philosophe Théophraste. »

Tout est dit : une femme, créature simplette présumée cruche, a osé donner son petit avis. Il faudra pourtant que ses détracteurs s'habituent, elle va multirécidiver.

Comme elle l'a fait dans l'*Épître au dieu d'Amour*, ouvrage épistolaire qui déboulonne l'autorité d'Ovide, auteur latin de référence en matière de séduction, elle règle son compte au phallocrate Jean de Meung avec son *Dit de la Rose* en 1402.

Dans tous ses écrits, c'est là son grand combat : l'honneur des femmes. Tout autant que certains sentiments « romanesques », il l'amène à pointer les exagérations de la mode, les excès de la dévotion. Mieux, elle aspire à la création d'un ordre de chevaliers capables de défendre la réputation des femmes. Encore plus audacieux, elle revendique le droit des femmes à recevoir une instruction. Mais davantage pour défendre leur honneur en étant plus conscientes de leurs devoirs que pour leur émancipation, encore inimaginable en ce début de XVe siècle, même pour l'avant-gardiste Christine.

— Tu sais, les militantes américaines des *Women's studies* de la fin des années 1970 t'ont instituée en figure de proue de leur cause.

— J'en suis très flattée.

En revanche, je me garde de lui dire que ce terme de « féminisme » semble contextuellement très anachronique pour beaucoup d'historiens aujourd'hui. Alors quels conseils donne-t-elle vraiment aux femmes ?

En voici quelques-uns, dispensés dans *Le Livre des trois vertus de l'enseignement des dames.* Par exemple, recommandation aux jeunes veuves de se remarier (faites ce que je dis mais pas ce que je fais) mais aussi de prier pour le salut de leur cher défunt. Aux vieilles, elle suggère de se faire discrètes en portant la couleur du deuil. Aux châtelaines, elle rappelle leurs obligations liées à l'intendance, à la gestion de la domesticité. On est donc loin en effet de brûler, si tant est même qu'ils eussent existé, les soutien-gorge.

Elle organise aussi la riposte à Boccace, l'auteur du célèbre *Décaméron.* L'écrivain italien, dans son texte *Des dames de renom*, avait disserté sur une centaine de femmes célèbres tout en s'appesantissant sur leurs défauts et futilités supposées. Un modèle de littérature sexiste médiévale.

Impossible pour Christine de laisser passer une telle occasion de recadrage. Elle répond vers 1404 en dégainant l'un de ses ouvrages les plus connus : *La Cité des dames.* Une vision idéaliste, dans laquelle hommes et femmes montrent leur égale aptitude à exercer les activités les plus prestigieuses, et qu'elle étaye d'une longue liste de femmes exemplaires : Marie Madeleine, la reine assyrienne Sémiramis, Blanche de Castille, la reine de Saba, Frédégonde…

Apercevant la mine renfrognée d'Aliénor, absente de cette *playlist*, je tente de contourner le malaise.

— Je salue ta démarche, chère Christine, même si pour Frédégonde, que l'ami Éloi a croisée, il y aurait matière à débat.

— Peut-être mais je sais surtout que tout cela reste très utopique… Imagine un peu, si pareille cité égalitaire venait à exister, l'effroi de mes contemporains masculins !

— Hélas, même en 2021, ils ne risquent pas d'avoir la trouille ; pour le partage des meilleures places, il y a toujours moins de peur que de mâles.

Nous avançons dans son récit. Christine veut décidément jouer un rôle dans ce monde des lettres exclusivement masculin. Alors le plus efficace, juge-t-elle, est de devenir l'un d'entre eux. Les clercs autour de la table n'en croient pas leurs oreilles, Aliénor n'en perd pas une miette, Clovis se demande si cet exposé est une farce.

— Pardon Christine, mais tu veux me, enfin nous dire, que tu as réellement voulu te transformer en homme ?

— Tout à fait. C'est ce que j'ai décrit dans mon *Livre de la mutation de Fortune* paru en 1403.

Elle décrit son ouvrage, construit avec cette complexité typique des écrits médiévaux. Les auteurs y traitent successivement de plusieurs sujets, « réemploient » les auteurs antiques – un joli terme pour signifier qu'ils en copient des passages entiers. Passant de l'allégorie à l'Histoire, ils versifient dans une langue à l'orthographe encore volage. Pour les comprendre pleinement, à moins d'être titulaire de la chaire de littérature comparée au Collège de France, et de n'avoir rien d'autre à faire, pendant quinze ans minimum, il est plus judicieux de lire les traductions tout en coupant quand même son téléphone.

Entre autres sujets, Christine revient dans cet ouvrage sur ses affres de jeune mère soudainement devenue veuve. Pour tenir la barre de son destin, « pour piloter [son] navire », mais aussi afin d'être considérée comme un écrivain à part entière, elle décide que « de femelle devins masle ».

— Tu veux dire par-là agir comme un homme ?

— Pas "comme", Bruno. "En" homme. "Vous qui m'entendez, je suis toujours un homme : voilà plus de treize ans révolus que je le suis", ai-je écrit.

Ce n'est plus très limpide… J'essaie de me concentrer pour distinguer ce qui relève tantôt de la métaphore, tantôt de la volonté de s'affirmer pleinement comme « homme de lettres ». D'ailleurs Christine aborde dans ses écrits des thèmes plus moraux et politiques que courtois. Des thèmes « virils » en somme.

Alcuin, qui, je le sentais venir, n'y tenait plus, l'interpelle respectueusement :

— Madame, me permettrez-vous de consulter l'une de vos œuvres ?

Elle lui tend un livre qui l'étonne par son format réduit et transportable. Émerveillé, il en tourne les pages couvertes d'une écriture en minuscule semi-cursive, et tombe sur une image représentant un *scriptorium,* au sein duquel besognent des copistes et enlumineurs.

— C'est mon atelier, déclare Dame de Pizan, aussi fière qu'Alcuin est vert.

Jamais il n'a bénéficié de telles conditions de travail, lui le solitaire laborieux croulant sous la masse de ses monstrueux grimoires, dont certains envahissent d'ailleurs le couloir de mon foyer.

Christine supervise toute la conception de ses œuvres : écriture, copie, illustrations et diffusion. Ce qui lui permet d'approcher les plus grands mécènes.

L'un des plus puissants est Philippe le Hardi, duc de Bourgogne et frère cadet de feu Charles V. Le chaos qui règne cette fois-ci outre-Manche offre de grandes vacances bien méritées à la France sous la forme d'une vraie belle trêve de trois décennies. Le Bourguignon est l'un des piliers du « Gouvernement des oncles » qui exerce sa tutelle sur le fils de Charles V, le roi Charles VI couronné en 1380.

Tutelle indispensable car le roi est complètement barge. Ses crises de folie l'empêchent régulièrement de gouverner, et aiguisent au sein du conseil de régence les rivalités des princes et leurs appétits sur les affaires du royaume. L'avidité de ces Tontons flingueurs conduira à la catastrophe.

Mais pendant ce temps, si Christine se désole de voir sa fille prendre le voile au couvent de Poissy – comme quoi l'éducation ne fait pas tout –, elle se console en revanche avec son fils Jean qui, lui, rentre d'un séjour linguistique en Angleterre chez le comte de Salisbury, poète et grand fan de l'œuvre poétique de sa maman, et qu'elle renvoie aussitôt en pension chez Philippe le Hardi pour parachever son « stage ».

Ce dernier, grand bibliophile comme son défunt frère, commande à Christine un ouvrage au titre limpide et sans détour : *Le Livre des fais et bonnes meurs du sage Roy Charles V* (écrit entre 1404 et 1406). Elle y dévoile sa gratitude envers son protecteur, tout en offrant aux historiens une somme irremplaçable sur le règne du roi Sage. L'auteur passe des exploits de Du Guesclin aux grands travaux parisiens entrepris par le roi, avec l'agrandissement du mur d'enceinte, la construction du donjon du château de Vincennes, celle de la Bastille, en passant par les embellissements du Louvre, et en profite pour donner des conseils en matière d'éducation politique. Le genre de bouquin de déco et de *coaching* qui cartonne de nos jours.

— Du coup, Philippe a dû être très satisfait ?

— Cela je ne le saurai jamais, il est mort avant la publication.

— Ah d'accord.

— Je l'ai donc dédié à son fils, Jean sans Peur. Mais quel scandale quand les gens ont appris que le si bien nommé "Hardi" avait passé une commande historique à une femme… Je pense qu'il aurait ri de m'entendre répondre à ces rustres qu'"il n'importe donc point de qui provient la connaissance, du moment que celle-ci est bonne et salutaire".

— Attends, tu as bien dit Jean sans Peur ? Mais n'est-ce pas lui qui a assassiné Louis d'Orléans, frère de Charles VI, et dont tu étais proche ?

Christine, pudiquement, ne s'attarde pas là-dessus. Peut-être que l'intérêt supérieur de son œuvre l'emporte sur ses états d'âme. Que ses mécènes s'assassinent entre cousins, ça les regarde ; les gens de lettres n'ont pas le luxe de pouvoir se priver de protecteurs. Mais je sens que nous reviendrons sur cette sordide affaire.

Elle se consacre dorénavant à la politique et à l'éducation des souverains, devenue sa grande affaire. Déjà dans *Le Livre du chemin de long estude,* un poème allégorique de six mille vers, elle décrit son voyage dans des cieux où lui sont révélées les qualités essentielles d'un monarque exemplaire.

Un enjeu sur lequel elle insiste dans ses ouvrages suivants. Ainsi, dans *Le Livre du Corps de Policie*, offert à Jean de Berry le 1er janvier 1405, elle l'affirme : « La bonne éducation du futur roi et un ordre social respecté sont les garanties de la paix et de la stabilité du royaume. » Truisme certes, mais qu'il est bon de rappeler à ces chenapans couronnés si souvent immatures.

Il faut dire qu'il y a matière à préoccupation. Quelques années auparavant, à l'été 1392, pris d'un énième accès de folie, Charles VI a embroché sans motif « raisonnable » quatre membres de son escorte avant d'être heureusement mais tardivement maîtrisé. L'année d'après, c'est l'épisode du « Bal des ardents », au cours duquel le roi est apparu grimé en sauvage, de même que la bande de joyeux drilles à laquelle il s'était enchaîné. L'effet fut sensationnel, notamment quand les costumes d'étoupe recouverts de poix s'embrasèrent au contact d'une torche, grillant vifs quatre des performateurs, à l'exception de Charles, peut-être dingue mais en tout cas veinard. Bref, quatre et quatre qui font huit, voilà une année bien remplie pour Charlot.

Quoi qu'il en soit, on comprend cependant que Christine ait trouvé à redire au style un peu fantasque de la monarchie. En plus d'une étude théorique sur le pouvoir, Christine livre également une critique indirecte sur la vilaine tournure que prend la situation du royaume, critique qui devient encore plus explicite en 1410 avec la *Lamentation sur les maux de la France.*

— C'est donc pour cela que tu oses décrire certaines réalités à l'épouse de Charles VI, la reine Isabeau de Bavière…

— On m'a reproché de collectionner les mécènes, parfois de partis différents, mais jamais de devenir une flatteuse professionnelle.

Cette honnêteté doublée d'une lucidité sans faille, c'est la touche Pizan.

Et il est vrai que dans son *Épître à Isabeau de Bavière*, et toujours à travers une forme littéraire sophistiquée, elle tient un langage de vérité à une reine qui goûte d'ordinaire peu la franchise. Elle prend la défense du peuple et défend des vues réformatrices. Surtout, elle enjoint l'épouse du roi de ramener la paix civile, révolue avec l'opposition Bourguignons-Armagnacs.

— Normal qu'il y ait conflit, c'est un très mauvais accord gustatif.

Regard de Christine qui me fait aussitôt regretter mon affligeante boutade.

— Il n'y a pas de quoi plaisanter, Bruno, car il s'agit là d'une effroyable guerre civile qui a mis le pays à genoux jusqu'en 1435.

Ses prémices naissent au sein du conseil de régence qui supplée Charles VI et où les Grands Oncles s'affrontent de plus en plus violemment. La mèche fatale est allumée en 1407 quand le Bourguignon Jean sans Peur fait donc assassiner son cousin Louis d'Orléans, dont le fils – un autre Charles – s'allie avec Jean de Berry et d'autres puissants féodaux, dont le comte d'Armagnac qui donne son nom à l'alliance.

Depuis son île, Henri IV d'Angleterre observe et se frotte les mains devant cette occasion de prétendre à nouveau à la couronne française. Car la haine entre Armagnacs et Bourguignons est si tenace qu'elle accapare et aveugle ses protagonistes au point qu'ils négligent les affaires du royaume de France. Du coup, Henri peut jouer successivement un camp contre l'autre et il reprend la direction de la belle campagne française, qui est déjà à l'époque la destination préférée des Anglais. Ravageant consciencieusement le pays avec ses « chevauchées » et regagnant le terrain autrefois perdu. En 1415, son successeur Henri V, à son tour, et sans forcer, dézingue à Azincourt la noblesse française, décidément aussi bêtement têtue qu'obstinée, Henri se contentant de plagier tranquillement le scénario de Crécy et Poitiers.

Le rapport de forces entre le puissant Henri V et un Charles VI de plus en plus entamé est tel qu'il aboutit en 1420 à la conclusion du traité de Troyes. Il stipule qu'Henri V succédera à Charles VI sur le trône de France, déshéritant ainsi son fils aîné, le dauphin Charles. En résumé, la France s'apprête à devenir anglaise. Rien que ça.

Une vision d'enfer me pétrifie. Je vois mon pays converti aux puddings bouillis, à la conduite à gauche et au *fair-play*.

Je sors de mon cauchemar.

— Tu n'as pas essayé de secouer la reine Isabeau pour éviter ce cataclysme ?

— Mais je n'étais déjà plus à Paris, mon cher Bruno…

En effet, le dauphin Charles s'est allié aux Armagnacs. En 1418, les Bourguignons, furibards, investissent Paris et y font régner la terreur. Patriote et loyale envers la couronne de France, Christine a fait ses valises et, ironie du sort, retrouvé sa fille au couvent de Poissy. Son fils Jean de Castel est devenu écrivain et s'est mis en sécurité à Bourges où il rejoint le dauphin qui mène la lutte face à la coalition anglo-bourguignonne.

Christine, retirée, désœuvrée, écœurée, ne publie plus et se lamente en silence des malheurs d'une France occupée et fracturée. Petite étincelle d'optimisme, la mort de Charles VI en 1422 devrait permettre de sacrer le dauphin ; mais encore faudrait-il pouvoir accéder à la cathédrale de Reims, en pleine terre bourguignonne.

Tandis que les Anglais occupent tous les territoires au nord de la Loire, et alors que tout semble perdu, du fond de l'abîme surgit l'espoir : une pucelle de 17 ans habitée d'une vocation divine vient de délivrer Orléans. Puis elle a chevauché jusqu'à Reims pour mener au sacre le dauphin, sous le nom de Charles VII, bientôt appelé « Le Victorieux », qu'on pourrait tout aussi bien appeler « Le Veinard », vu la tournure qu'ont failli prendre les choses.

Cet électrochoc proprement « miraculeux » réveille le pays, et l'occupant recule, irrémédiablement bouté par la Jeannette. Magnifique revanche pour Christine : la conduite des hommes et la gloire militaire reviennent à une femme ! Elle célèbre aussitôt les exploits de la jeune Lorraine dans le *Dit de Jeanne d'Arc* daté de 1429 : « Hé ! quel honneur au féminin Sexe ! [...] Par femme est sours et recouvert, Ce que cent mille hommes n'eûssent, / [...] Et de nos gens preux et habiles / Elle est principal chevetaine... »

C'est l'apothéose de Christine, dont les yeux à cette évocation brillent de mille feux semblables à celui du bûcher qui emportera la Jeanne de Domrémy et dont Christine n'aura heureusement pas connaissance puisqu'elle s'éteint vers 1430. Elle peut partir en paix, la cause des femmes et le destin de la France étant, pour le meilleur, intrinsèquement liés dans son dernier livre. La guerre de Cent Ans se poursuivra jusqu'à la victoire française de Castillon en 1453 et l'expulsion définitive des Anglais qui ne conserveront qu'un pied-à-terre à Calais.

Au fil d'une carrière ponctuée de pleurs et de solitude, mais sans la moindre mièvrerie, Christine aura fini par assumer sa condition de femme écrivain. Difficile à accepter pour les arbitres de la postérité qui sont toujours des hommes. La preuve : son *Livre des faits d'armes et de chevalerie* présenté en 1410 sera republié en « omettant » son nom...

Certains s'interrogent d'ailleurs sur la maternité de ses œuvres. D'autres la débinent et la méprisent comme l'historien de la littérature Gustave Lanson qui crache ce jugement inique en... 1894 : « Je ne vois en elle qu'un des plus authentiques bas bleus qu'il y ait dans notre littérature, la première de cette insupportable lignée de femmes auteurs. » Tant pis pour ce triste sire, car c'est pourtant bien à elle que l'on doit, avec son *Advision Christine*, le tout premier récit autobiographique écrit en français.

Christine a terminé son histoire. Assise face à Aliénor, celle-ci l'observe, visiblement troublée, car tout semble les opposer. Et pour cause, chez la dame de Pizan, un seul mari, un retrait vis-à-vis de la politique plutôt qu'un rôle actif, une critique de l'amour courtois et une fidélité à la couronne de France. On dirait le miroir inversé de l'Aquitaine. Un miroir qui réfléchit pourtant une même image : celle de femmes qui mènent leur route en dépit de tous les carcans. Deux visions différentes mais si complémentaires.

Discrètement, j'entrouvre le livre qu'elle a laissé sur la table. Je tombe sur ces mots que je lis à haute voix : « Et de même que la femme qui a enfanté oublie son mal dès qu'elle a entendu le cri de son enfant, tu oublieras la souffrance du travail en entendant la voix de tes volumes. » Je perce enfin le secret du murmure des bibliothèques !

Pourquoi écrit-on ? Pour « entendre la voix de ses volumes », évidemment.

Elle ajoute, dans un sourire de défi :

— Et puisqu'*ils* écrivent, pourquoi n'écrirais-je pas ?

Michel de L'Hospital
(vers 1505 – 1573)

Michel de L'Hospital, ou les malheurs de la vertu

À peine la porte entrouverte, je reconnais son crâne aussi tondu que sa barbe est touffue. Tel un cauchemar dans mon salon, cette figure PhilippEtchebestienne, ne cesse de me poursuivre ces derniers temps. Comme lorsque, partant de ma résidence meudonnaise, je traverse la rue d'Issy-les-Moulineaux qui porte son nom pour rejoindre les quais qui m'amènent devant l'Assemblée nationale. Là, trône sa statue qui semble me suivre de son regard sévère jusqu'à ce que j'atteigne le palais du Luxembourg pour y tourner un épisode de ma série documentaire. Ici, je tombe encore sur sa trombine, peinte dans toute sa hauteur en train de présenter les sceaux au jeune Charles IX.

Mais je sais qu'en fait, du coin de l'œil, c'est moi qu'il interroge pour savoir si la société de production qui m'emploie est bien enregistrée auprès du greffe du Tribunal de commerce. Si j'ai respecté la vitesse autorisée en venant jusqu'ici, ou correctement essuyé mes pieds au bas des marches qui m'ont mené jusqu'à lui. C'est tout Michel, ça : la loi et l'ordre.

Pourtant Michel de L'Hospital, chancelier de France, n'a, malgré son allure d'inquisiteur austère, rien d'un justicier acariâtre. C'est au contraire un esprit subtil et sophistiqué, défenseur de l'autorité royale et de l'humanisme, croyant, pieux et artisan de la paix civile. Mon époque semble prendre de plein fouet la complexité des questions religieuses, oubliant que la sienne réglait ces affaires à coups de hache et de bûchers. Voilà pourquoi j'ai convié à ma table ce précurseur fascinant, qui professait la tolérance religieuse à l'heure des fanatismes.

La sagesse qui émane du barbu est intimidante. Calme et raide dans son long manteau sombre aux manches extralarges, dont les revers descendent jusqu'au plancher, il ressemble… mais oui… foi de Solo, c'est bien maître Obi-Wan Kenobi, le mentor de Vador qui deviendra le beau-père de mon tonton fantasmé (digression destinée aux seuls exégètes de la saga).

C'est à côté d'Aliénor que je l'installe. Comme il a servi Catherine de Médicis pendant une courte décennie, le voisinage d'une reine de caractère ne l'impressionnera pas.

Mon invité ne sourit pas. Les tourments de ce tragique XVIe siècle semblent avoir creusé sur son visage les sillons d'une vieillesse désabusée. Vu ce que le pays s'est infligé pendant ces quarante dernières années, c'est sûr qu'il y a de quoi tirer un peu la tronche. Il embrasse l'assemblée d'un regard et entame un exposé d'une voix qui, immédiatement, capte toutes les attentions. Nous avons là un discoureur de métier.

Les causes viennent de loin. Des confins du Saint Empire romain germanique, où un moine allemand publie, le 31 octobre 1517, quatre-vingt-quinze thèses dénigrant – pour ne pas dire pourrissant – le pape et son Église. Ce jour-là, Martin Luther invente le protestantisme. Cette contestation trouve d'autant plus d'audience que l'institution catholique s'est déconsidérée auprès de nombreux fidèles, notamment par la pratique cynique du commerce des indulgences qu'on pourrait résumer par ce chantage spirituel : file ta bourse si tu veux goûter à la vie éternelle.

Un théologien français, Jean Calvin, apporte sa contribution et, depuis Genève, diffuse ce qu'on appelle dès lors la Réforme. On s'écharpe sur la nature même du Christ, sur sa présence réelle au sein de l'Eucharistie, sur la question du Salut et du rachat de l'âme, et autres sortes de bondieuseries. Quoi qu'il en soit, la religion réformée fait des émules en France, mais pour l'instant le roi François Ier laisse faire, en bon catholique charitable. Jusqu'à ce matin d'octobre 1534 où éclosent partout des « placards », affichettes passant au vitriol l'Église de Rome. L'un de ces libelles blasphématoires a été apposé inconsidérément sur la porte de la chambre du roi. Certes François a le sens de l'humour, mais pas là, alors séance tenante, il lance les persécutions. Rien de comparable toutefois avec les massacres qui vont avoir lieu plus de dix ans plus tard, parce que, en 1545, trois mille protestants vaudois sont exterminés dans le Lubéron. Deux ans plus tard, le Parlement de Paris crée un tribunal extraordinaire appelé Chambre ardente pour juger les cas d'hérésie, et prononce cinq cents arrêts contre les récalcitrants. Puis en 1559, l'édit d'Écouen permet d'abattre sur-le-champ tout protestant révolté ou en fuite. L'Inquisition espagnole, commencée cinquante ans plus tôt, n'a qu'à bien se tenir ; on sait faire nous aussi.

Du côté de la famille royale, cela ne va pas fort non plus. Après que François Ier a rendu l'âme en 1547, son héritier Henri II voit son règne brutalement interrompu au bout de douze ans par une lance qui lui traverse le crâne lors d'un tournoi qu'on disait pourtant amical. Il cède par la « force des choses », en juillet 1559, sa place à son rejeton François II, âgé de 15 ans seulement.

Adolescent souffreteux, faible et influençable, François hérite d'une vilaine situation diplomatique. Avec la signature des traités du Cateau-Cambrésis d'avril 1559, la France met certes un terme aux ruineuses guerres d'Italie, mais cet échec profite à ses rivaux espagnols. Le royaume doit restituer un bon nombre de territoires, à commencer par la Savoie et les places fortes piémontaises. Il se console en gardant Metz, Toul et Verdun et en reprenant pour la bonne bouche Calais aux Anglais, dernier vestige de la guerre de Cent Ans.

De son côté, la Réforme gagne de plus en plus d'esprits au sein de la plus haute noblesse : notamment le prince de Condé et l'amiral de Coligny. Le fossé entre les « huguenots » et les « papistes » se creuse, tout comme le découvert du trésor royal.

Le parti des catholiques intransigeants est dirigé par la famille des Guises, poids lourds du Conseil privé du roi qui pousse à la répression. Les réformés veulent alors soustraire le jeune souverain à cette mauvaise influence en l'enlevant lors d'un coup de main audacieux mené au château d'Amboise en mars 1560. Sur le papier le scénario machiavélique de la « conjuration d'Amboise » s'avèrera pathétique quant à sa réalisation. Leur complot ayant été éventé, les aventuriers se heurtent aux portes demeurées bien closes du palais. Ils s'enfuient et se paument en forêt pour, finalement, se faire lamentablement capturer. Michel décrit avec une moue de dégoût leurs cadavres se balançant au bout d'une corde aux balustrades du château et le corps découpé en morceaux de leur chef, Jean du Barry. Hormis Clovis, haut-le-cœur général de mes convives, à qui je n'ose plus proposer les quelques tranches de foie gras de la comtesse du même nom que le supplicié.

Les Guises, quant à eux, poursuivent obstinément la répression sur quelque mille deux cents protestants, ce qui finit par agacer en haut lieu. À commencer par la reine mère et veuve d'Henri II, Catherine de Médicis, qui constate, après une mûre réflexion de plus de vingt-cinq ans, le caractère probablement contre-productif de ces tueries. Et se dit qu'il est peut-être temps d'essayer une autre politique.

— C'est ici que tu entres en scène, Michel. La reine congédie les faucons et voici l'heure des colombes.

— C'est à peu près cela. Même si on parle plutôt des "moyenneurs", ceux qui veulent trouver un compromis entre catholiques et protestants.

— Mais pourquoi te nomme-t-elle toi ? Sans vouloir te froisser, quel est ton *curriculum vitae* ? dis-je en latin pour faire passer la pilule.

Il aplatit ses mains devant lui.

— Eh bien, je vois qu'il est temps que je vous raconte mon histoire.

L'animal sait vous appâter. Un politique, c'est sûr.

C'est aux environs de l'année 1505 que naît mon invité, à Aigueperse, dans l'actuel Puy-de-Dôme. Son père est le médecin de Charles de Bourbon, titré connétable de France et grand parmi les Grands. Mais quand, pour des raisons aussi scabreuses qu'ambiguës – et qui font encore débat parmi les historiens – ce dernier fuit la justice royale et passe au service de Charles Quint, l'ennemi juré de François Ier, la famille de L'Hospital paie au prix fort la déchéance de son ancien protecteur.

Elle s'exile de 1526 à 1531, et le jeune Michel fait ses humanités à Padoue et Bologne. Tout en s'imprégnant de culture humaniste, il enseigne le droit civil et se fait remarquer par son ébouriffante culture juridique. Il prend aussi conscience de sa capacité à faire bouger les lignes.

À la faveur d'une amnistie royale, il rentre en France et exerce ses talents de juriste. Des compétences qui, hélas, ne suffisent pas pour acheter une charge de conseiller au Parlement de Paris. Dans la capitale, ainsi que dans une dizaine d'autres villes, les parlements rendent la justice au nom du roi et enregistrent les édits royaux, en veillant à leur légalité. Avec, à la clef, des séances de bras de fer entre le monarque et les parlementaires qui, régulièrement, s'opposent à l'enregistrement des lois en arguant de leur droit de remontrance.

— Sans le sou mais pas sans ressources : en épousant une certaine Marie Morin, dont le père est bien introduit dans le milieu, tu fais un mariage d'amour, pas sans intérêt, puisque tu obtiens la charge de conseiller clerc au Parlement de Paris…

Sans commentaire, il acquiesce et, imperturbable, continue sur son ascension de légiste et d'officier. Il représente la couronne aux Grands Jours de Moulins, Riom et Tours dans les années 1540. Il s'agit de sessions au cours desquelles le roi se présente en recours suprême contre l'arbitraire de certaines décisions judiciaires. Puis François Ier l'envoie en Italie, à Trente, observer ce qui se trame au concile convoqué en 1545 par le pape Paul III pour lancer la Contre-Réforme. En sus, il trouve encore le temps d'être le précepteur de la sœur d'Henri II, Marguerite de France, puis le chancelier de son duché du Berry.

En parallèle, ce cumulard grimpe les échelons grâce au coup de main de son ami, le cardinal Charles de Lorraine, frère de François duc de Guise.

Maître des requêtes au Conseil du roi, premier président de la Cour des comptes, puis entrée en 1559 au Conseil privé du Roi. Je commence en effet à mieux visualiser son CV, un brin pistonné par Charles et François faisant tout à sa guise. Médisance que je traduis pudiquement par :

— Merci les Guises, non ?

Toujours impassible mais laissant poindre un soupçon d'agacement, il me dit :

— Sache que les artisans de ma carrière feront bientôt tout pour saboter mon action.

En attendant, nous revoici en mai 1560, au moment de la mort du probe chancelier de France, François Olivier. Catherine de Médicis lui cherche pour successeur un esprit tout aussi éclairé, qui saura mener une politique de conciliation – mais de fermeté – envers les protestants. À nouveau, c'est le cardinal de Lorraine qui souffle le nom idoine : et voilà le camarade Michel parvenu au sommet à force de travail, de talent et d'opportunités habilement saisies.

Dans un royaume où couve la guerre civile et dont le roi a failli être enlevé, les Guises attendent du chancelier et garde des Sceaux qu'il débarrasse la France de la gangrène protestante. Ils vont tomber de haut. Leur protégé veut profondément réformer le royaume, mais aussi et surtout le pacifier. Ce qui, pour cet antibelliciste patenté, n'est pas exactement synonyme d'extermination d'un camp par l'autre. Il aspirerait plutôt à la réunion des catholiques et des protestants au sein d'un christianisme rénové. Loin des factions, Michel puise sa métaphysique du côté d'Érasme et de son humanisme très Renaissance. Sa grande préoccupation, ce n'est pas le respect de l'orthodoxie religieuse. C'est le malheur de ses semblables. Malheur qu'ils créent eux-mêmes, sottement, en péchant et en s'affrontant.

À peine aux commandes, dès le mois de mai 1560, le frais émoulu chancelier fait rédiger l'édit de Romorantin, renvoyant les affaires d'hérésie des juridictions royales vers les tribunaux épiscopaux, qui ne peuvent condamner à mort. Il empêche ainsi le retour des bûchers de l'Inquisition, qui réserve aux apostats un destin chipolata.

En août de la même année, il prononce à Fontainebleau l'une de ses célèbres « harangues ». Et il y en a généreusement pour tout le monde au sein d'un royaume qui semble pourrir par la tête. Corruption des magistrats, avachissement et hypocrisie de la noblesse, avidité et bagatelles du clergé.

Bien des sujets, servis par sa puissante rhétorique, y sont évoqués, et surtout celui, épineux et très en vogue, des protestants. Il distingue les « séditieux » des « réformés ». Pour ces derniers, il préconise un traitement de bonté : « Qu'y a-t-il besoin de tant de bûchers et de tortures ? C'est avec les armes de la charité qu'il faut aller à tel combat. Le couteau vaut peu contre l'esprit. »

Je vois qu'Alcuin ne perd pas une miette de ces propos qu'il aurait pu tenir.

Avant de réunir un concile national pour tenter de rapprocher les points de vue des chrétiens des deux bords, il fait convoquer, par le roi, les États généraux afin de recueillir les doléances des trois ordres : le clergé, la noblesse et le tiers-état.

Le 13 décembre 1560, leurs délégués se réunissent à Orléans, où, à tout juste 16 ans, le roi François II a trépassé la semaine précédente. C'est son frère, le préadolescent agité Charles IX, qui paraît avec l'immuable reine mère, Catherine de Médicis. Il revient au garde des Sceaux de prononcer le discours d'ouverture avant l'affrontement et, une fois de plus, ses dires tranchent avec l'hystérie ambiante. « Tu dis que ta religion est meilleure. Je défends la mienne. Lequel est le plus raisonnable, que je suyves ton opinion ou toy la mienne ? Ou qui en jugera si ce n'est un saint concile ? Ostons ces mots diaboliques, [...] luthériens, huguenots, papistes. Ne changeons le nom de chrestien. » Le match est annoncé. Il faudra un an pour trouver une ville et une salle pour l'organiser.

Donc en attendant le concile, Michel mène ses réformes et d'abord celle de la justice. Grâce à lui, le nombre des officiers est diminué, les procès traînent moins en longueur, et on exécute mieux les sentences. Et surtout, il met fin aux persécutions contre les protestants.

Il va plus loin en avril 1561, en faisant publier un édit les autorisant à prier en commun chez eux, à condition de respecter le huis clos. Cela commence à faire beaucoup pour le sieur de Guise qui, en compagnie de Montmorency et de Saint-André, forme un *triumvirat*. Tous trois expriment tout le mal qu'ils pensent de ce laxisme, et veulent décidément en découdre. Le Parlement de Paris s'en mêle à son tour et adopte, trois mois plus tard, l'édit de Juillet restreignant la portée de celui du chancelier. En confirmant la répression... Ça commence à faire beaucoup de monde sur le ring. La tolérance est un sport de combat. Alors pour parer les coups, il ne reste à notre champion qu'à conseiller l'indulgence des magistrats et à les faire jouer les arbitres.

La pression monte, alors je l'interroge.

— Et ton concile, Michel ? As-tu les dates du combat ?

— J'y viens. C'est finalement un "colloque" franco-français qui s'ouvre à Poissy le 9 septembre 1561. Et le garde des Sceaux de rappeler son message : “Il faut rétablir l’ordre et l’unité par la douceur ; pour le royaume, la paix est plus importante que le dogme”, déclare-t-il aux congressistes.

— Belle attaque. Et qui a gagné ? dis-je, fébrile.

— Match nul.

— Non ! Vous n’avez trouvé aucun accord ?

— Si, sur un unique point, le bilan de la rencontre. À savoir échec total sur toute la ligne.

C’est donc en échangeant de pacifiques injures que chacun repart, campé sur ses positions.

Arrive le mois de janvier 1562. On convoque les délégués du Parlement au palais royal de Saint-Germain-en-Laye. Jamais le pouvoir n’est allé aussi loin dans la tolérance religieuse puisque l’édit de Janvier accorde carrément aux protestants la liberté de culte. Seules conditions : ils doivent rester hors agglomération ou bien confinés dans des maisons privées à l’intérieur des villes. Histoire que le virus de la Réforme n’infecte pas les bons catholiques.

— De fait, j’imagine que le *triumvit*… rage.

— J’aimerais sourire de ton piteux mot d’esprit mais hélas ma politique de modération est très loin d’avoir triomphé.

En effet. Le 1er mars, tandis que le duc de Guise chevauche sur ses terres champenoises, il tombe sur une assemblée célébrant le culte protestant, dans une grange située *à l’intérieur* de la commune de Vassy. Petite incartade à l’édit, les esprits s’échauffent… refroidissant soixante-quatorze protestants. D’autres massacres sont perpétrés à Sens, Tours, en Anjou et dans le Maine. Les protestants, tout chrétiens soient-ils, ne sont pas du genre à tendre la joue gauche : le prince de Condé occupe Orléans et des troupes de huguenots s'emparent d'autres villes. Les deux camps rivalisent d'atrocités. Le premier épisode des guerres de religion est lancé. Début d'une longue série qui comptera huit saisons.

Catherine de Médicis s'alarme de la situation et cède aux pressions du *triumvirat.* L'application de l'édit de Janvier n'est plus d'actualité. Pas plus que la présence de Michel au conseil.

— Voici comment j'ai subi la disgrâce de la reine...

Ses mots sont plombés de tristesse. C'est l'échec de sa volonté modératrice, et celui de ses alliés, les « politiques », opposés à la clique des dévots. Ils ne constituent pas encore un « parti » ni une organisation structurée, il s'agit plutôt d'une mouvance qui rassemble des intellectuels déjà bien propres sur eux mais préférant régler les problèmes par la plume plus que par l'épée. Ils sont humanistes et sincèrement patriotes. Ils veulent que la stature paternelle du roi domine les factions. Que le pays se reconnaisse en son souverain avant toute appartenance religieuse. Le roi au-dessus de la foi.

La mort – violente – de plusieurs protagonistes du camp catholique rebat alors les cartes. Notamment celle du maréchal de Saint-André, l'un des trois furieux, à la bataille de Dreux. Et surtout celle de l'impétueux duc de Guise assassiné début 1563 ; des disparitions opportunes qui permettent à Michel de pointer de nouveau sa barbichette à la cour.

Il reprend sa politique d'apaisement. Avec l'édit de tolérance d'Amboise, le 19 mars 1563. Une sorte d'édit de Janvier amélioré puisque les protestants peuvent maintenant célébrer leur culte dans les faubourgs d'une seule ville par baillage, dans leurs résidences privées et dans quelques places de sûreté. Cette « paix d'Amboise » donne plus de quatre années de répit au royaume.

Pour reconstruire sur les ruines de la guerre civile et secourir un trésor royal exsangue, Michel invente une juteuse combinaison financière. L'aliénation d'une partie des biens du clergé à hauteur de cent mille écus par an, ce qui permet, à terme, de centupler la mise et de faire plein d'heureux chez les petits propriétaires.

La situation s'apaise et Catherine de Médicis accepte de rejouer l'air de la tolérance. Au Conseil, les protestants reprennent place dans le chœur aux côtés des factions catholiques, et tous de chanter en harmonie.

Sur le front des relations avec Rome, Michel émancipe le clergé français du pape en faisant comprendre à ce dernier qu'il ne passera pas avant le roi dans l'Église de France. Le gallicanisme formulé deux-cent-cinquante ans plus tôt par Philippe le Bel… est bien de retour. Et les parlements s'en réjouissent. Mais ils vont très vite apprendre à leurs dépens que le roi sera prééminent en tout domaine.

— Par exemple sur la question de la majorité du roi. Quand le jeune Charles IX pourra-t-il gouverner par lui-même ?

— Cela, Michel, on le sait : à 14 ans. Et c'est même Charles V qui a pris une ordonnance en 1374 pour fixer à cet âge la majorité des rois, dis-je, trop content d'étaler ma science sur le Moyen Âge tardif grâce à Christine de Pizan qui, d'ailleurs, me sourit.

— Certes, Bruno. Mais est-ce à l'avènement des 14 ans ou à l'entrée dans la quatorzième année ?

Damnés politiques qui veulent toujours avoir le dernier mot. Charles IX étant né en 1550, cela arrange bien le chancelier de faire reconnaître sa majorité dès l'entrée dans la quatorzième année, donc dès 13 ans révolus. C'est ce qu'il fait auprès du Parlement de Rouen en décembre 1563, coupant la chique à celui de Paris. Et la mienne du même coup car Christine a déjà replongé son regard dans celui de Michel.

Le garde des Sceaux persévère dans sa doctrine : les parlements ont maintenant l'obligation d'enregistrer les édits et ordonnances. Ils pourront discuter, mais seulement après. En martelant ainsi le principe du monopole législatif du roi, Michel pose, sans en avoir l'air, les jalons qui conduiront malheureusement à la monarchie absolue.

Même méthode lorsqu'il veut améliorer le règlement des litiges entre commerçants. En prenant encore un édit pour régler l'élection des juges consulaires, – car on l'a compris, il est très édits, Michel. Il crée donc les futurs tribunaux de commerce. Immanquablement, le Parlement de Paris le houspille en décembre 1563 pour avoir légiféré à la hussarde. Et surtout pour avoir dépossédé les parlementaires d'une partie de leurs pots-de-vin si durement acquis. Mais l'homme de loi ne veut rien savoir et, dès janvier, le Parlement enregistre l'édit en maugréant.

Puisque la fièvre religieuse semble retombée, la reine mère considère le moment venu d'emmener le jeune Charles voir du pays pour le présenter à ses sujets. L'occasion d'écouter leurs doléances, d'accorder amnisties et pardons aux insurgés de tout poil et, surtout, de rappeler qu'au-dessus des obédiences et des factions, le pays n'a qu'un patron : le roi. Le 24 janvier 1564, la cour s'ébranle pour un tour de France.

La grande boucle va durer deux ans. Une transhumance de quinze mille individus sur quatre mille kilomètres qui me laisse songeur.

— Incroyable tout ce parcours, Michel : de Sens à Hyères, en passant par Saint-Jean-de-Luz, Clermont ou La Charité-sur-Loire…

Mais L'Hospital se fout de la Charité. Ce qui l'intéresse, ce sont Dijon, Aix-en-Provence, Toulouse et Bordeaux, villes où il s'est adonné à sa discipline favorite, le bras de fer parlementaire. Ces séances, au cours desquelles le roi tord ledit bras d'une cour souveraine jusqu'à ce qu'elle accepte d'enregistrer ses édits, sont appelées « Lits de Justice ».

— Parce que les parlementaires finissent par se coucher devant les *desiderata* royaux ?

Ignorant l'ironie, Michel argue de mauvaise foi.

— Ils peuvent toujours notifier leurs remarques au roi en formulant des remontrances.

— Enfin, Michel, c'est une blague ! À la condition d'avoir au préalable enregistré l'ordonnance royale ! C'est comme signer un contrat avant de l'avoir lu !

Sans ciller, le garde des Sceaux rétorque, péremptoire :

— Le roi a le monopole en matière législative. Comme je l'ai dit aux parlementaires bordelais, "il faut que la loi soit sur les juges, non pas les juges sur la loi".

Dont acte.

Je sens, avec cette dernière phrase qui cogne comme un marteau sur son socle, combien ces parlementaires qui rendent la justice à leur convenance, inamovibles propriétaires de leur charge, lui chatouillent les narines.

Festivités somptueuses et réjouissances : à chaque étape du tour, la Couronne régale. Pendant que les bourgeois locaux ripaillent avec les courtisans nomadisés, Michel, embarqué dans la caravane de la cour, légifère le nez dans le guidon.

En janvier 1564, il guide la plume de Charles IX qui, bien incapable de la tenir seul, signe et publie une ordonnance de trente-neuf articles. Parmi eux, la fixation du début de l'année civile au 1er janvier, à la place de Pâques.

— Non ! Du coup le réveillon et les cotillons c'est toi ?

— Oui et alors ?

Pour l'austère et studieux chancelier, pas de quoi sabler le champagne visiblement. Bref, revenons aux affaires.

En escale à Moulins entre décembre 1565 et mars 1566, il rédige une réforme générale de la justice.

— Michel, je comprends qu'en tant que juriste et humaniste la justice te passionne et t'obsède…

— Oui, car elle est la condition essentielle du maintien de la paix.

— D'accord, Michel. Mais de là à légiférer sur les vêtements, l'héritage des veuves remariées ou le menu des auberges… Enfin !

— Cher Bruno, il m'a toujours paru que, livré à lui-même, le peuple avait une inclination pour le désordre. Je dis souvent que pour garantir la paix civile, il faut "que l'un commande bien, que l'autre obéisse bien".

Ah, c'est clair que ce n'est pas de l'humanisme à la Montaigne, pourtant une de ses connaissances…

Hélas, malgré tous ses efforts, la paix ne suit pas. Mais sa refonte de la justice lui survit pendant deux siècles. Il a en mémoire les simagrées des parlements qui ont retardé l'application de l'édit de Janvier. Il fait alors écrire noir sur blanc l'obligation pour eux d'enregistrer les lois sans barguigner. Il rogne aussi les pouvoirs des villes et des gouverneurs. Plus radical encore, il s'attaque aux conditions d'exercice des officiers, ces agents propriétaires d'une charge publique.

D'abord, ils devront être âgés de 25 ans, et être « versés en la jurisprudence ». C'est-à-dire ne pas être complètement ignares, ce qui était quasiment devenu une coutume. Et si possible cesser de se sucrer sur le dos des parties plaignantes. Et des maîtres des requêtes seront envoyés pour inspecter leur action.

Enfin, au nom du roi et de son idée de concorde civile, il fait également interdire les libelles diffamatoires et tout blasphème.

Bref, Michel est très Charles IX dans l'âme mais moyennement *Charlie* dans l'esprit.

Il en vient à cet autre édit royal, pris à Moulins, et qui consacre l'inaliénabilité du domaine royal. Mot qu'on a plaisir à écrire tant il est imprononçable si l'on n'est pas soi-même issu de la cour des comptes ou lauréat d'un concours d'éloquence.

Le terme est finalement plus facile à comprendre qu'à articuler. Il consacre le fait que le souverain demeure seulement dépositaire de son territoire, qui n'est pas un vulgaire patrimoine familial qu'il pourrait brader ou disperser entre ses enfants.

Alors que tous regardent en coin Clovis, grand promoteur de ce genre d'aménagement, je fais bruyamment diversion en étalant ce que mon notaire m'a raconté : l'édit de 1566 est toujours cité comme base légale dans les décisions de justice. Et si l'on veut revendiquer sa propriété sur une portion du domaine public, il faut pouvoir produire un acte de propriété antérieur à février 1566...

— Félicitations pour cet éclairage, Bruno.

C'est surtout celui de mon notaire, mais je prends, car, avec Michel, je suis particulièrement en mal de compliments.

— Merci, Maître. Tu rentres donc de votre tour de France au printemps. Et ensuite ?

En septembre 1567, malgré les efforts du chancelier, la tolérance religieuse n'a pas gagné les esprits. Lui-même est suspect pour les catholiques, car *home sweet home,* sa femme et sa fille se sont converties au protestantisme. La tension a aussi monté d'un cran après la révolte des

« Gueux » aux Pays-Bas luthériens qui, l'année précédente, se sont soulevés contre la tutelle catholique et espagnole.

Dans ce contexte quasi insurrectionnel, les chefs huguenots, l'amiral Coligny, son frère d'Andelot et le prince de Condé, tentent un nouveau coup fumeux. Dans la nuit du 28 septembre, nos Pieds Nickelés galopent vers le château de Monceaux-lès-Meaux pour tenter de soustraire Catherine de Médicis et Charles IX à l'emprise des insubmersibles Guises. Mais la reine mère et le jeune roi échappent *in extremis* au rapt, lors de ce qu'on appellera la « Surprise de Meaux » – on en connaît de plus cocasses.

Et le lendemain, les festivités continuent. Le jour de la Saint-Michel – un comble ! –, éclate à Nîmes, en plein pays converti à la Réforme, la « Michelade ». Un banal incident sur le marché dégénère en émeute et quatre-vingt-dix clercs catholiques sont massacrés. Les deux camps qui n'attendaient que ça pour se chiffonner remettent à la mode la guerre de religion, deuxième du nom, collection automne/hiver.

Celle-ci se termine pourtant promptement avec la paix de Longjumeau, signée le 23 mars 1568. Juste le temps pour les belligérants de faire une petite relâche printanière avant la reprise estivale des hostilités le 23 août. Pour la troisième. Quand on aime on ne compte pas.

Ces quatre saisons de grabuge signent l'échec du chancelier. Les meilleures intentions et les appels à la tempérance n'ont pas couvert les bruits de bottes et d'acier. Ce qui n'a pas échappé à la reine Catherine... Michel tombe à nouveau en disgrâce, le 24 mai 1568 – et les Sceaux lui sont retirés –, avant d'être furtivement rappelé en septembre. Allez comprendre.

— Mais enfin, Michel, pourquoi ces gamineries : d'abord elle te retire ton Sceau, puis à nouveau t'appelle ?

— Oui, comme une dernière faveur. Mais là encore elle n'a pas voulu suivre mes conseils de modération. J'ai donc pris acte et aussitôt regagné mes terres. Définitivement.

En cet été 1572, le vieux chancelier est retiré dans son domaine de Vignay, sis sur la paroisse de Champ-Motteux, dans l'actuelle Essonne. Il cultive l'art d'être grand-père. Pas jusqu'à faire des confitures, non. Mais il écrit. Le protecteur de Ronsard, le Prince des Poètes – qui l'accompagnait sur le tour de France huit ans plus tôt – correspond aussi avec Montaigne et son *alter ego* La Boétie. Étant lui-même l'auteur réputé de poésies latines, de mémoires et d'essais. Qu'il s'agisse de ses *Épîtres* ou de ses ouvrages doctrinaux, tous convergent : le souverain doit être juste et fort, et agir pour le bien commun. Et la loi rester au-dessus de chacun, pourvu qu'elle soit juste : « Il ne fault considérer seulement si la loy est juste en soy, mais si elle est convenable aux temps et aux hommes pour lesquelz elle est faicte. »

Ah les belles soirées entre érudits... Ça a une autre allure que les tablées de butors avec les Guises et autres Condés.

Tout ceci est passionnant mais un peu mou, car je surprends Aliénor et Éloi en train de bâiller, Christine qui peine à rester éveillée, et Clovis qui ronfle sur l'épaule d'Alcuin. Bon, j'ai compris.

Rien de tel qu'une histoire bien scabreuse pour redonner vigueur à l'auditoire.

— Et si nous évoquions la nuit de la Saint-Barthélemy, Michel ?

Là, à vouloir jouer le bateleur, j'ai touché un point trop sensible. Le dégoût qu'il garde de cet épisode se lit encore sur sa mine accablée. « Périsse le souvenir de ce jour ! » lâche-t-il, le regard dans le vide. Je m'en veux d'avoir été aussi rustre.

Août 1572. Les Huguenots inquiètent encore et toujours les catholiques ultras. À l'occasion des noces d'Henri de Navarre – futur Henri IV – et de Marguerite de Valois, la noblesse protestante est à Paris. L'occasion rêvée de décapiter le camp réformé.

Ce qui devait n'être qu'un attentat ciblé sur les grands chefs huguenots vire au pogrom. Il reste difficile de déterminer les responsabilités exactes du jeune roi et de sa mère, mais ils ont laissé les Guises fomenter des assassinats qui leur ont complètement échappé. Ou comment laisser un pyromane jouer avec des allumettes dans une grange à foin. La tuerie fait près de trois mille morts à Paris avant de s'étendre à l'ensemble du royaume. Jusqu'à Vignay, où le Chancelier voit une meute d'enragés surgir chez lui. Les catholiques intransigeants ne l'ont-ils pas toujours accusé de faiblesse avec les protestants – au sein même de son foyer – et même soupçonné d'être un nicodémite ?

— Pardon, Michel, un… ?

— Une personne qui cache sa véritable foi sous les habits publics du converti.

— Ah oui, l'habit qui ne ferait pas le moine… Et sinon, comment as-tu échappé à tes émeutiers ?

— Mes valets étaient prêts à faire le coup de feu. Je leur ai, au contraire, ordonné d'ouvrir les portes du château.

Sacré Michel s'en tirant d'extrême justesse, avec son art du dialogue qui impressionne la foule. Et un tantinet grâce à l'escouade de cavaliers envoyée à son secours par la décidément versatile reine Catherine… Mais les exactions ont quand même fait des dizaines de milliers de morts dans tout le royaume. Et si le vieux juriste en a réchappé, il est ravagé par ce massacre et voit sa politique de tolérance définitivement anéantie. Lui qui a su réformer les grands corps de l'État n'a pas su ni pu convertir les cœurs.

Avant de quitter cette terre ensanglantée, le 1er février 1573, le même homme qui fit interdire les libellés diffamatoires à l'encontre de Charles IX rédige une épître qui lui est destinée. Une véritable avoinée. Il lui assène, entre autres gracieusetés, que jamais ses ancêtres ne se seraient livrés à ce genre de règlements de comptes, « furtivement à la nuit noire ». Et dire qu'il avait lui-même inspiré au jeune roi sa devise : *Pietate et Justicia*.

Mourant l'année d'après, le pathétique Charles IX n'a pas eu le loisir d'acquérir la vertu prescrite par L'Hospital. Il laisse à son successeur, Henri III, un royaume plus divisé que jamais. Face aux errements de la Couronne qui a cédé aux Guises, se dressent des protestants qui, notamment dans le Midi, organisent leur autonomie politique et militaire. Leur méfiance à l'égard de la monarchie est-elle justifiée ? Pour tenter d'y voir clair dans le fouillis des édits, j'ai repris mon crayon et ma feuille à petits carreaux.

Colonne de gauche. Sur l'ensemble de la période 1561-1598, le culte réformé est autorisé – moyennant moult restrictions – onze fois entre 1561 et l'édit de Nantes de 1598 promulgué par Henri IV.

Colonne de droite. Dans le même intervalle, il est interdit six fois.

— Michel, je sais bien que faire et défaire, c'est toujours travailler. Mais si la Couronne n'avait pas godillé entre tolérance et persécution, penses-tu que la France se serait épargné quatre décennies de guerre civile ?

— Hélas, Bruno, hélas. Je ne puis que te citer mes derniers écrits : "J'ai toujours conseillé et persuadé la paix, estimant qu'il n'y avait rien de si dangereux en un pays qu'une guerre civile, ni plus profitable qu'une paix, à quelque condition que ce fût."

Sur cet ultime précepte, le Chancelier se tait. Autour de la table, mes convives semblent replongés dans leurs propres fièvres passées. En se demandant si, dans leur cœur, ils ont toujours accordé à la paix la place qu'elle méritait. Et dans le silence de L'Hospital, chacun soigne ses plaies et son âme.

Théophraste Renaudot
(1586 – 1653)

Théophraste Renaudot, quoi de neuf docteur ?

Des éclats de voix en provenance de la cage d'escalier : « Galilée condamné par l'Inquisition ! Demandez le journal ! »

L'immeuble est pourtant interdit aux chevaux ET aux colporteurs, mais apparemment tout le monde s'en fiche. Comme Aliénor avec son canasson qui a, d'ailleurs, souillé mon paillasson. Et voilà l'outrecuidant qui tambourine vigoureusement à ma porte, je me précipite avec l'idée de lui faire entendre que je reçois du gratin, et qu'il ferait bien de déguerpir avant que l'ombrageux Clovis ne le transforme en hachis.

J'ouvre et, tout sourire, il m'apparaît dans un sobre pourpoint d'où déborde un très large col de chemise sur lequel flotte une cape. Débarquant du XVIIe siècle comme on surgit d'un roman d'Alexandre Dumas. Sauf qu'en guise d'épée, l'homme brandit un journal, une arme qui, il est vrai, n'en est pas moins redoutable lorsqu'on sait la manier. Je réalise aussitôt ma méprise.

— Théophraste, je présume ?

— Tu es bien informé, cher Bruno, nous allons nous entendre.

D'un pas énergique, le patriarche de la presse française fait alors une entrée en fanfare – logique pour un homme-orchestre. Car Renaudot ne s'est pas contenté de fonder *La Gazette,* le premier journal hexagonal. Son existence tient moins de la biographie que de l'encyclopédie illustrée : médecine, philanthropie, affaires, chronique judiciaire, faits divers et même publicité… On le trouve à toutes les rubriques.

Devant Clovis et Aliénor, les deux têtes couronnées de notre petite assemblée, il exécute une génuflexion plus digne d'un vulgaire échotier que d'un journaliste engagé. Une obséquiosité tellement appuyée qu'elle en devient gênante et au sujet de laquelle je m'interroge… Mais déjà il prend place, à gauche de Christine et face à Michel.

Passé le trouble, j'explique, tout frétillant, à mes invités l'importance qu'a pour moi Théophraste. Non seulement je dévore la presse depuis toujours, mais j'ai moi-même modestement tâté du journalisme dans ma jeunesse en noircissant les colonnes de *Concert Magazine…* dont j'étais le créateur, rédac' chef, maquettiste, chroniqueur et unique journaliste, sous divers alias et pseudonymes, pour donner l'illusion d'un journal sérieux le temps de trois misérables numéros tombés dans les oubliettes d'une histoire écrite avec un H minuscule.

Remplissant les verres d'une main tremblante, je leur clame, des flammes dans la voix, que nous recevons à présent celui qui a lancé dans notre pays cet objet littéraire inépuisable, alliage prodigieux du métronome et de la plume, capable de figer l'éphémère sans interrompre sa course, de dépeindre en le poursuivant un monde en perpétuel mouvement : le journal !

Visiblement, ils n'ont rien compris à ma démonstration, aussi proposé-je sans plus attendre à notre envoyé spécial de prendre le relais et de se raconter.

Son reportage nous emmène à Loudun, petite cité poitevine qui le voit naître en 1586 dans la modeste bourgeoisie protestante. Le père est un prosélyte du culte réformé, qu'il enseigne à la jeunesse huguenote malgré les intermittences – précédemment évoquées avec ce bon Michel – de la tolérance religieuse.

Son enfance n'est pas paisible, c'est un euphémisme. À 12 ans, Théophraste a déjà affronté la famine, la peste et la disparition de ses parents. Il est placé auprès de ses oncles, dont l'un officie comme maître apothicaire. Manipuler des fioles, fabriquer des remèdes – contre la fatalité peut-être. L'adolescent y trouve cependant une première vocation. Et monte à la capitale en 1602 pour commencer sa médecine. Au collège Saint-Côme, car la faculté parisienne n'accueille pas les protestants.

— Hippocrate trahi par les hypocrites, c'est honteux !

— En tout cas, cela ferait une bonne une, me dit-il dans un sourire.

En voilà un qui succombe enfin à la vivacité de mon esprit ; je suis en confiance.

Il poursuit à la faculté de Montpellier, qui rechigne moins que celle de Paris aux innovations médicales et surtout à la présence de carabins réformés.

— Mais enfin ! *Quid* de l'édit de Nantes pris en 1598 par Henri IV, la tolérance religieuse, le vivre-ensemble, le grand carrousel de la bonté, hein mon Théo ?

— Théophraste. Pas de familiarités, Bruno, et un peu de retenue. L'édit a certes permis la liberté de culte, mais n'a pas réglé tous les problèmes. N'oublie pas que l'on venait de loin. La France sort à peine d'une période très énervée. Reviens à la raison.

Calmé aussi vite que je m'étais emballé, j'invite donc notre médecin à affranchir L'Hospital de l'épilogue des guerres de Religion. Ce qu'il s'emploie à faire, façon reporter de terrain.

Henri III, successeur de Charles IX. Assassiné par un moine catholique ultra en 1589. Henri de Bourbon, roi de Navarre et détenteur de vastes fiefs en France, est le principal prétendant à la couronne. Une succession qui s'annonce houleuse. Malgré une lignée qui remonte à saint Louis, Henri demeure avant tout l'un des chefs du parti protestant, vainqueur de la Ligue des catholiques intransigeants rassemblés derrière les Guises. Finalement sacré à Chartres en 1594 et couronné sous le nom d'Henri IV. La dynastie capétienne sous ces auspices perdure, et les Bourbons succèdent aux Valois. Même si Henri IV, en changeant pour la troisième fois de confession, abjure définitivement le calvinisme, c'est tout de même le changement dans la continuité.

— Quand je pense qu'on accuse nos hommes politiques de retourner sans cesse leur veste…

— Tout le monde a le droit de changer d'avis, Bruno, me rétorque Théo.

Et personne ne peut obliger un journaliste à se fâcher avec le pouvoir, me dis-je, en comprenant mieux ses serviles courbettes de tout à l'heure.

Il continue : Henri IV rallie les provinces, assagit les princes et confie à son ministre, le huguenot Sully, la reconstruction du royaume ravagé par quatre décennies de guerres. Les caisses se remplissent et Henri verse au domaine royal les derniers grands fiefs qui lui manquaient. Même si la tolérance religieuse fait toujours grincer les dents des catholiques, elle pénètre peu à peu la société et la prospérité revient. Malgré ce bulletin rassurant, je vois Michel lever les yeux au ciel lorsqu'il apprend qu'on facilite la transmission héréditaire des offices, rente lucrative pour une noblesse « de robe » en plein essor. Et Théo de conclure son compte rendu : mais le spectre du fanatisme rôde toujours, qui achève brutalement ce règne.

Le 14 mai 1610, Henri IV, coincé dans son carrosse rue de la Ferronnerie, est mortellement poignardé par un certain François Ravaillac, catholique aussi fanatique que perturbé. Soudain, je ne peux m'empêcher d'imaginer que si sa *Gazette* avait existé, le cocher du roi aurait été informé par la rubrique « trafic routier » des embouteillages parisiens déjà terribles à cette époque, voire mortels en l'occurrence.

Hélas, avant ce nouveau régicide – et c'est bien dommage pour le bon roi Henri IV –, le jeune Théophraste n'avait pas encore choisi d'être journaliste, mais de devenir médecin, et ce à seulement 19 ans ! À un âge où, de nos jours, on ne le laisserait même pas prendre votre tension.

— C'est vrai. J'étais moi-même conscient d'être encore très jeune. Alors avant d'exercer, j'ai voulu continuer de m'instruire en voyageant.

— Cette précaution t'honore.

Il pérégrine aux Pays-Bas, dans le Saint Empire romain germanique, en Angleterre, à Florence et à Venise. Une fois bouclée sa virée d'étudiant Erasmus, il consent à rentrer à Loudun en 1607 pour gagner sa vie. L'année d'après, il se marie avec Marthe du Moustier, fille d'un marchand plein aux as de culte protestant. « Encore un beau mariage d'amour », ne puis-je m'empêcher de marmonner devant le sourire narquois d'Aliénor et celui, plus compréhensif, de Michel.

En revanche, Théophraste ne doit qu'à lui-même son énergique capacité à réseauter. En Angleterre, il demande audience au roi Jacques Ier ! Pour l'entretenir de ses solutions sur la question de la pauvreté. Déjà... À Loudun, il se lie avec le père Joseph, un moine capucin qui l'entremet avec un certain Armand du Plessis.

— Un autre jeune homme "pressé", évêque de Luçon à 21 ans, quand 26 sont légalement requis. Je tiens à te le signaler, Bruno.

— Peut-être, mais c'est quand même moins aventureux pour des ouailles que pour des patients, et quoi qu'il en soit, Théophraste, force t'est de reconnaître que ces clercs catholiques t'ont été finalement bien utiles...

— Je ne suis pas sectaire. Et il y eut aussi bien des laïcs dans mes relations, par exemple le grand Scévole de Sainte-Marthe.

Poète, diplomate, historien et jurisconsulte, c'est à cet humaniste inspirant que Renaudot dédicace en 1612 son traité *Sur la condition des pauvres.* Il l'adresse au jeune Louis XIII et à la reine mère Marie de Médicis, la veuve d'Henri IV, qui assure la régence en attendant la majorité du roi. Lointaine cousine de Catherine, elle est également native de Florence.

— Cette cité est décidément une ruche de reines de caractère pour notre pays.

— De caractère certes, mais surtout pleines de lucidité ! Car la reine Marie m'a distingué comme "médecin ordinaire du roi".

— Ah oui, quelle promo. Mais dis-donc, je ne savais pas que tu avais exercé sur la personne du roi ?

— Eh bien moi non plus, me répond-il, taquin. En fait, ces titres ronflants et purement honorifiques habillent une réalité plus prosaïque. Ce n'est pas à la Cour mais auprès de ma patientèle loudanaise que j'officie. Tout en multipliant les allers-retours entre mon Poitou et la capitale, où je plaide énergiquement ma cause : celle des pauvres.

Car là-dessus, rien de nouveau au XVIe siècle : des impôts écrasants et inéquitables, des conflits aux frontières, quelques vilaines récoltes et des retours de peste charrient toujours leurs lots de misère. Vagabonds et mendiants sont considérés comme des dangers sociaux que les autorités bouclent à l'« Hôpital » général. Vis-à-vis des nécessiteux, le consensus règne pour considérer que travail forcé et instruction religieuse sont les deux mamelles du salut de l'âme.

— Si cela peut te rassurer, certains y croient encore de nos jours.

— Mais pourtant c'est un non-sens absolu ! Autant socialement qu'économiquement !

— Tu dis ça à un fils de prolo libertaire et athée !

Théo potasse le sujet, puis plaide à tous les étages contre l'enfermement : à la Chambre de commerce, chez le lieutenant civil du Châtelet, et jusqu'au Conseil du roi. Et puisque le sujet le passionne, autant l'en saisir officiellement. Louis XIII, devenu majeur, le nomme en 1618 « commissaire général des pauvres du royaume ».

Il s'en vante encore.

— Pas mal pour un sujet du roi connu comme étant de la R.P.R. !

— R.P.R. ?! Ouh là.

Résurgence immédiate du souvenir d'un parti que mon daron daubait à l'envi.

— C'est ainsi que les catholiques désignent la Religion Prétendument Réformée. C'est, ma foi, toujours moins désagréable qu'"hérétique" ou "parpaillot".

Ça se discute, mais soit.

Le commissaire général saisit l'opportunité royale pour mûrir sa doctrine. Il prône l'interdiction du jeu, poison qui ronge les plus misérables, et la simplification des procédures de justice, marathons dont les plaignants sortent peut-être vainqueurs mais ruinés. Du coin de l'œil, j'observe Michel dont le sien semble légèrement humide. Il acquiesce, avant de rester bouche bée, tout comme moi cette fois-ci, devant l'idée suivante : la gratuité de la justice pour les pauvres.

Renaudot pousse le bouchon encore plus loin. Les mendiants valides seraient invités à travailler à des tâches d'utilité publique. Avec bienveillance. On ne les contraindrait à turbiner que « selon leur portée, avec la douceur et l'humanité requise ». Quant aux malades déshérités, ils devraient pouvoir disposer d'un hôpital par bailliage.

Je m'agite, soudain excité par cette perspective révolutionnaire.

— Et pourquoi ne pas faire payer les riches ?!

— Eh bien, j'y ai justement pensé. Sous la forme d'une taxe sur les transactions foncières, qui financerait l'aide aux pauvres.

Renaudot, précurseur de la taxe Tobin ? Théo me tue. Mais alors, qu'est-il advenu de ce programme généreux ?

Il le couche justement sur papier dans une *Requête au roi en faveur des pauvres*, qu'il adresse à Sa Majesté en décembre 1626. Il y soutient surtout son concept de bureau de placement pour employer les vagabonds à des tâches utiles. La preuve par l'exemple : lui-même ouvre un « Bureau d'Adresse et de Rencontres » en 1628.

— Ne me dis pas que tu crées aussi le ThéoPôle-emploi ?

Renaudot développe : au *Grand Coq*, rue de la Calandre – « près le Palais », précise-t-il –, il enregistre les demandes d'engagement et propositions d'embauche, les offres de vente ou d'achat. OK. C'est finalement moins de Pôle Emploi que d'intérim dont il s'agit. Mais nom d'un prolétaire, quel gaillard quand même ! En fait, son agence du *Grand Coq*, avec son intitulé de poulailler, est une véritable ruche aux services multiples, où chacun vient butiner des infos et des prospects.

— Et toi tu en fais ton miel.

— Oui. La pauvreté est un obstacle au fonctionnement de la société. Mais pourquoi ne pas associer l'aide sociale et les affaires ?

— Tu as tellement raison. C'est ce qu'on appelle joindre l'utile à l'idéal.

Il rit de bon cœur et le mien bat plus fort que jamais. J'aurais tellement aimé lui présenter mon père. Passé cette furtive chimère, je le relance pour l'obliger à parler enfin de *La Gazette*, mon sujet de prédilection, ma marotte. Mais auparavant, ce bavard, certes philanthrope mais un rien vantard, tient à m'entreprendre sur ses activités de prêteur sur gages. Usurier ? Je tique, décidément stupéfait par cet affairiste viscéral, doublé d'un altruiste paradoxal.

Il raconte qu'il a rapporté d'Italie le concept du *monte di pietà*. Le premier « Mont-de-Piété » parisien ouvre en 1637, évidemment dans son bureau de placement du *Grand Coq*. Loin de n'être qu'un vil usurier – il leur fait même une concurrence terrible –, Théophraste devient le tenancier avisé d'un « Bureau de vente à grâce, troc et achat de meubles, et autres biens quelconques ».

— À toute chose te voilà maintenant capable de décerner un prix, Renaudot.

Une boutade futuriste qui le laisse perplexe et sans voix et me permet de prendre la main.

— Alors maintenant, parle-nous de ta *Gazette*.

— J'y viens. Mais avant je tiens à préciser quelque chose.

Damned, encore raté.

— Je me suis définitivement installé à Paris en 1625. L'année où je me suis converti au catholicisme.

Une digression de plus, mais je ne moufte pas quant à la sincérité de cet acte de foi. Et je m'abstiens aussi de toute remarque déplacée sur l'installation dans la capitale de ses bienveillants amis, les ecclésiastiques poitevins, qui coïncide avec la sienne.

Car l'évêque de Luçon précédemment évoqué n'a, de son côté, ni perdu son temps précieux ni son appétit féroce. Après s'être mis au service de Marie de Médicis et avoir obtenu la pourpre cardinalice, il intègre en 1624 le Conseil du roi comme principal ministre. Avec à ses côtés le père Joseph, breveteur patenté de l'« éminence grise », qui fomente des intrigues diplomatiques sous l'insoupçonnable capuche de sa robe de bure. L'ecclésiastique vermillon va maintenant conduire la politique du royaume pendant deux décennies. L'ambitieux incarné, Armand du Plessis, s'apprête à entrer dans l'Histoire sous le nom de Richelieu, cardinal de son état.

En homme de réseaux, Théophraste sait que les petites conversions entretiennent l'amitié. Le protestant a toujours regardé du côté du pouvoir et de la capitale. Comme jadis Henri IV, il admet que « Paris vaut bien une messe ».

Les soutiens du roi et de son surpuissant ministre ne sont pas de trop pour protéger le médecin Renaudot, dans le collimateur de la faculté de médecine de Paris.

Grâce à eux, il a le droit d'exercer et installe – toujours au *Grand Coq* – un laboratoire de chimie amusante. Les étudiants parisiens désertent la fac et se pressent pour suivre ses cours où l'on manipule des remèdes plus audacieux, qui dépassent la médecine des plantes. Le voilà apprenti-sorcier maintenant. Il ne va quand même pas nous dire qu'il a découvert l'aspirine ou les antidépresseurs ?

— L'antimoine, par exemple, tu connais ?

Ma fibre anticléricale m'aveugle un instant et je lâche, provocateur :

— Un vin de messe mortellement avarié ?

— Presque ! C'est un métalloïde proche de l'arsenic dont on se servait à la faculté de Montpellier et qui, subtilement dosé, a des vertus curatives.

— D'accord, mais tu avoueras qu'il est risqué de passer d'une décoction de verveine à ton coquetèle potentiellement funeste. Je comprends pourquoi les doyens-régents de l'Université de Paris t'ont traité d'empoisonneur.

— Mais Bruno, sache que, depuis Paracelse, la médecine s'ouvre à la chimie. Tu verras que l'avenir me donnera raison.

Oui on a vu, mais pas toujours pour le meilleur.

En tout cas, l'immunité procurée par les lettres patentes du roi est, elle, indiscutable. La faculté parisienne piaffe, impuissante devant ce qu'elle considère comme un exercice illégal de la médecine. Entendre par là : violation de son monopole dans la pratique et l'enseignement. Les mandarins ne lui passent rien.

Ils n'avaient déjà pas digéré le mélange des genres avec ses causeries. En effet, à compter du mois de novembre 1635, se tenaient – dans sa basse-cour du *Grand Coq* bien entendu – ses « Conférences ou assemblées de gens doctes et curieux des sciences et des arts ».

Les élites scientifiques, qui snobaient ce rendez-vous des lundis après-midi, ne manquaient pourtant jamais de se tenir discrètement informées de ce qui s'y disait.

La faculté hurle et attaque la « diversité de ses emplois », mélange du « noble » et de l'« ignoble ».

Je compte sur mes doigts :

— Il faut dire qu'entre bureau de placement, labo pharmaceutique, Mont-de-Piété, salle de conférence... Tu leur prépares quoi ? Une épicerie libre-service, des auberges gratuites ?

— Je sais, Bruno. Je sais bien que, pour certains esprits étroits, toute nouveauté est odieuse. Mais dis-toi qu'ils n'étaient pas au bout de leurs déconvenues !

— Oh, je te fais confiance.

Et il rit. Car une nouvelle poussée de fièvre le prend un jour de 1640. Il va instaurer – nulle part ailleurs que rue de la Calandre, dans son poulailler de cœur – des « consultations charitables ». Le docteur Renaudot aspire à « égaler le traitement des pauvres et plus misérables personnes à celui des grands ».

Consultations charitables ? Comme une espèce de confessionnal laïque ? Il n'aurait quand même pas inventé la psychanalyse deux cent cinquante ans avant le Viennois œdipien ?

— Théophraste, tu entends quoi par ce terme ?

— J'entreprends de soigner riches et pauvres dans les mêmes conditions... Et pour financer mon affaire, c'est simple : mes patients riches payent leurs consultations qui couvrent celles des nécessiteux. Dont on acquitte aussi les ordonnances chez l'apothicaire, sinon à quoi bon ?

Là encore, pas difficile de comprendre que les doyens de la faculté, dont Renaudot fissure le monopole, goûtent peu la plaisanterie des soins universels et gratuits. En fait, le bonhomme établit quasiment les principes de la Sécurité sociale avec trois cents ans d'avance. Éberlué par tant d'audace, la tête me tourne un peu. Devinant mon vertige, il se dirige vers moi.

— Tout va bien ?

Craignant qu'il me propose son antimoine en guise de remède, je le rassure. Mais le voilà qui me tend un questionnaire.

— Au cas où tu aurais un souci après mon départ, je t'encourage quand même à remplir mon livret : *La Présence des Absents*.

J'y découvre au fil des pages des espaces à compléter, des dessins du corps humain dont les parties sont nommées. Ce devancier du Docteur Maboul a prévu des mentions à souligner : douleur de tête, haut mal, hémorroïdes, mal vénérien, douleur abdominale, etc.

— Hélas chers amis, explique-t-il, je ne peux pas soigner tout le monde moi-même. Mais je peux le faire par correspondance, et si vous m'adressez ce livret en y reportant la nature de vos maux, je peux vous prescrire un traitement. Bonne idée, non ?

« Bonne idée », dit-il benoîtement. Il a aussi créé les débuts de la télémédecine et il dit « bonne idée ? ». Cet homme ne laisse aucun répit à ma stupéfaction.

— Oui Bruno, alors *La Gazette*.

Ni même ne me laisse reprendre mon souffle. Mazette ! *La Gazette*… Enfin ! Je n'y croyais plus.

— Allez, nous t'écoutons.

Et le voilà parti pleins gaz. Là encore, c'est un souvenir de France rapporté dans ses malles. À Venise, Théophraste a découvert les « feuilles d'avis ». Elles ont leur équivalent en Europe et en France, qu'on appelle « occasionnels ».

— Comme *Le Mercure français* datant de 1611, plus ancienne publication du royaume.

Trop heureux d'arriver sur mon domaine, j'étale mon petit savoir.

Ces petites brochures rapportent des événements ou des ouï-dire qu'elles arrangent à leur sauce aigre-douce, avec une nette prédilection pour les histoires fantastiques et les drames sordides. La diffusion des nouvelles navigue donc entre *Infos du Monde* et *Le Nouveau Détective*. Bref, entre torchon douteux et serviette sale.

Théophraste, qui a forgé sa propre théorie de l'information, entre en scène. L'harmonie sociale, qui motive ses autres activités, ne lui semble possible que si la connaissance des faits circule entre tous. Il y va de la bonne santé du corps social comme de celle des affaires. Sans compter la paix civile, continuellement sous la menace latente des rumeurs incendiaires.

Si Richelieu avait trouvé très sympathiques ses propositions généreuses concernant la construction massive d'hôpitaux pour les pauvres, il préfère néanmoins consacrer le trésor royal à des activités à ses yeux plus constructives, comme s'entretuer avec les Habsbourg. En revanche, il comprend tout de suite l'instrument que cette *Gazette* pourrait devenir entre des mains habiles. À savoir… les siennes.

Le cardinal lui fait donc attribuer le privilège de « faire imprimer et vendre, par qui et où bon lui semblera, les nouvelles et récits de tout ce qui s'est passé et se passe tant dedans que dehors le royaume ». Et surtout « à perpétuité et exclusivement de tous les autres ».

Sur quatre pages, en colonnes bien serrées, paraissent pour la première fois, le 30 mai 1631, des nouvelles des quatre coins de l'Europe. Constantinople, Rome, Espagne, Portugal, Silésie, mais aussi Venise ou Lübeck.

— Tu sembles mieux informé du reste du monde que de ton propre pays. C'est étonnant. Et d'ailleurs comment déniches-tu toutes ces infos venues d'ailleurs ?

— La clef, c'est de s'appuyer sur un très bon réseau d'informateurs. Pour l'international je suis au courant de tout, des batailles, des traités… On me transmet les dépêches des ambassadeurs français.

— Sans griller ta source, ce "on" ne serait-il pas un grand type à barbiche pointue, l'air chafouin, enveloppé dans une soutane pourpre ?

Je prends son silence pour un oui. Richelieu est donc bien le pourvoyeur officieux de *La Gazette.* Dans les dépêches qui lui parviennent d'Europe, il sélectionne certains faits et les transmet à Renaudot. Sachant que son journal est également lu par les ambassadeurs étrangers à Paris, il diffuse ainsi son message politique. *Urbi et orbi.*

Chacun y trouve son compte : Théophraste a besoin de contenu, et les ministres jouent les indics. Puis, petit à petit, au fil des éditions, les articles sur la France vont apparaître. Nouvelles de la cour, carnet du jour, faits divers, successions, nominations… Sans doute, ces informations demeurent-elles largement subornées à la propagande d'État, mais au moins sont-elles de première main. Efficace, Richelieu écrit régulièrement lui-même des articles. Même Louis XIII se prend au jeu, surmontant vaillamment sa nullité en rédaction, qui compense un tant soit peu son égale nullité en termes d'élocution puisque le malheureux est bègue.

— Quelle a été la réaction du public ?

— Le succès est venu très vite ! J'écoulais huit cents exemplaires par semaine.

— Huit cents ?!... Ah oui, quand même.

Quant à la périodicité rigoureuse de son hebdomadaire, il y tient. Guettant les courriers jusqu'à la dernière minute avant le bouclage, il rédige ensuite en quelques heures son canard avant de l'imprimer dare-dare. Seul donc et sans contradicteur puisque au sein d'une rédaction inexistante.

Bon... Question objectivité, indépendance et irrévérence, on repassera, c'est sûr. Le premier journal français est moins l'ancêtre du *Canard Enchaîné* que de l'*ORTF* du général de Gaulle.

Avec un patron qui reçoit huit cents livres de pension royale par an, au moins sa *Gazette* annonce la couleur. Elle s'affiche comme le « journal des rois et des puissances de la Terre ». Auxquels il faut inclure le protecteur, Son Éminence. Informer et flagorner demeureront ses valeurs... cardinales.

— Enfin, Théophraste, je lis la façon dont tu évoques Richelieu en célébrant "ce merveilleux génie". Tu n'es pas gêné aux entournures de cette collusion un brin voyante avec le pouvoir ?

— J'ai confiance en la couronne pour distinguer les choses qui doivent être tues de celles qu'il faut donner au public.

Michel de l'Hospital sourit, et pour cause. Ne me déclarait-il pas, lui aussi, que le peuple livré à lui-même avait une inclination pour le désordre ? Pour garantir la paix civile, « il faut que l'un commande bien et que l'autre obéisse bien ». Humanistes d'accord, mais pas vraiment utopistes. Autre temps autre contexte, me dis-je, un tantinet fataliste.

Quant à la pluralité de la presse, elle non plus ne fait pas encore partie de son décor. Dès le début, une tentative de concurrence avait surgi, montée par ses ennemis. Des rivaux pour le moins éphémères, juste bons à recevoir une leçon d'absolutisme puisqu'un nouvel arrêté royal est pris. Renaudot absorbe le concurrent. Et garde son monopole.

Il en profite et ajoute, en 1634, un mensuel absolument révolutionnaire, renvoyant *Paris Match*, *VSD* et autres *Gala* à de vulgaires pilleurs de tombes. On y retrouve des articles « grand angle » portant sur les festivités des puissants, des récits de voyages périlleux, des reportages de guerre, mais aussi d'autres papiers plus savants traitant d'histoire ou de religion. Son titre ? *L'Extraordinaire*. Épaté, je feuillette l'une des éditions : « La prise de la belle île de Curaçao aux Indes par les Hollandais sur les Espagnols » ; « La chasse donnée aux impériaux par les Français… »

Puis, en 1638, il prend la direction du sus-cité *Mercure français*, qui n'est alors qu'un simple bulletin répertoriant les principaux événements écoulés dans le royaume au cours de l'année, auxquels s'ajoutent bientôt des suppléments étonnants.

Car pour Renaudot, qu'il s'agisse de débiner les Habsbourg et leurs méfaits pendant la guerre de Trente Ans ou d'une réclame déguisée en article, vantant les mérites d'une eau minérale, une info reste une info. Une conception qui fait jaser. Mais comme il le dit : « Étant impossible de souhaitter ce qu'on ne cognoist pas, de mesme la cognoissance des choses nous en ameine l'envie. » La conclusion est toute trouvée : si l'on veut vendre des marchandises, il faut rendre publique leur existence. Alors il invente la publicité, comme ça c'est réglé.

Dès 1633 naissaient donc les *Feuilles du bureau d'addresse*. Elles étaient consacrées aux affaires. Véritables précurseuses des journaux de petites annonces, on y publiait pour trois sous toutes les offres imaginables. Quatre cent mille propositions de ventes, services, locations… et même des voyages à frais partagés.

Certes, l'indépendance de la presse reste à inventer, mais Renaudot rassemble les trois principaux ingrédients qui fondent la soupe primordiale du journalisme moderne : pluralité des sources, véracité des faits, périodicité.

— Tout te réussissait, Théophraste, tu avais eu raison de tes adversaires, bâti un véritable empire de presse…

Que s'est-il passé pour que tu quittes Paris précipitamment en cette nuit de janvier 1649 ?

— Mais la Fronde, cher Bruno, la Fronde.

— Certes, mais tes protecteurs ?

Ses protecteurs ont disparu, le cardinal en 1642 et le roi un an plus tard. Leur duo est remplacé par un autre cardinal, Mazarin, et Louis-Dieudonné, un môme joufflu de 5 ans qu'on n'imagine pas surnommer un jour le Roi-Soleil. La régence, elle, est assurée par la veuve de Louis XIII, Anne d'Autriche.

On sent la mélancolie s'emparer du médecin. Il accepte un peu de vin et se met à nous résumer, avec son sens de la synthèse journalistique, les grandes heures de Richelieu.

Pendant les dix-huit années de son ministère, le Cardinal a œuvré pour le prestige et l'autorité royale. Pas de sentimentalisme et un seul credo : la Raison d'État. Il rabote les droits du Parlement vis-à-vis de la Couronne. Il fait courber l'échine de l'intenable Gaston d'Orléans, éternel comploteur obstiné à lui nuire. Il gère aussi la reine mère Marie de Médicis brouillée avec son fils.

De plus, il survit à tous les traquenards des conjurés, qu'il châtie sans pitié.

Les huguenots trinquent aussi. La Rochelle, leur bastion réformé, est assiégée, et finit par céder. Les villes protestantes du Midi sont arraisonnées. Jusqu'à la paix d'Alès, signée en 1629, qui marque la véritable fin des guerres de Religion en France.

Mais celles-ci battent encore leur plein dans le Saint Empire, où la guerre de Trente Ans oppose depuis 1618 luthériens et catholiques, et où sont engagées une bonne partie des puissances européennes. La France se mêle au carnage en 1635 en déclarant la guerre à l'Espagne de Philippe IV d'Autriche, l'ennemi juré. Dont la dynastie contrôlait tout : l'Espagne bien sûr, le Saint Empire, le Portugal, les Pays-Bas, et les colonies d'Amérique... Alors le cardinal s'allie avec les protestants, notamment les Suédois, pour combattre ses coreligionnaires catholiques.

— Alliance scandaleuse, voire contre nature ?

— Non, raison d'État.

Thuriféraire jusqu'au bout.

La guerre génère surtout des « besoins pressants pour le bien public », car « la nécessité publique n'a point de loi ». Un « quoi qu'il en coûte » d'époque qui gonfle inévitablement les impôts prélevés sur le tiers-état. Voici pourquoi, Richelieu et Louis XIII disparus, il n'est plus de poigne solide pour maintenir le couvercle sur la cocotte-minute. Parlementaires, princes, peuple : tous ont un prétexte pour déflagrer.

Dans la plus grande confusion, les camps tantôt s'allient, tantôt s'opposent. La Journée des Barricades d'août 1648 sonne le lancement de la Fronde, qui rend bientôt intenable, pour la couronne, sa résidence dans la capitale. Anne d'Autriche, le petit Louis XIV et Mazarin emmènent avec eux Renaudot. Dans cette froide nuit du 6 janvier 1649, ils fuient vers Saint-Germain-en-Laye.

Les ennuis de Renaudot ont commencé plus tôt, dès 1643 et la mort de Louis XIII. Dans un arrêt scélérat, le Parlement dépouille Théophraste de nombre de ses privilèges. Adieu consultations charitables, conférences, prêts sur gage. Ses deux fils médecins y perdent leurs titres universitaires. Mais il continue à publier *La Gazette*, dont Mazarin trouve le concours bien utile, lui qui se fait assaisonner par les mazarinades, ces libelles pamphlétaires qui pullulent dans le royaume.

Accompagnant la famille royale à Saint-Germain, Théophraste perd le monopole de la presse.

— Oui, monsieur, lâche-t-il la main sur le cœur, j'ai payé de ma situation le prix de la fidélité.

Bondissant sur l'occasion, deux opportunistes fondent *Le Courrier français* qu'ils placent sous la protection du Parlement. Dont l'heure de la vengeance semble avoir sonné, mais pas pour longtemps.

En 1652, après que Mazarin a laissé pourrir la situation, le retour de la cour à Paris sonne la fin du chahut. Illico, Renaudot retrouve ses privilèges et son *ORTF* de papier (Organe Renaudotien Très Flagorneur).

— Et sinon, que deviennent tes rivaux du *Courrier français* ?

— C'est sans importance. Ils n'ont publié que douze numéros, pendant les trois premiers mois suivant mon départ. Puis Mazarin, magnanime, les a pris sous sa protection.

— Comment s'appelaient-ils ?

— Eusèbe et Isaac, mais je te dis, c'est sans importance.

Théophraste s'éteint le 25 octobre 1653 au Louvre, dans le logement que sa fonction d'« historiographe du roi » – d'aucuns diraient hagiographe – met à sa disposition.

Un poil trop tôt pour goûter une revanche, qui a pourtant le goût métallique de l'antimoine. Car une fois rétablis dans leurs titres universitaires, ses fils, fidèles aux audacieuses théories de leur géniteur, continuent à batailler devant les sommités médicales pour en faire reconnaître les vertus. Jusqu'à ce jour de 1658 où le remède est utilisé sur la personne de Louis XIV, atteint de la typhoïde, pour purger les intestins royaux. L'antimoine y trouve alors ses lettres de noblesse et sa place dans le Codex de la faculté de médecine.

Quant à *La Gazette*, elle est reprise par les mêmes fistons et perdure presque trois siècles. Née pendant la guerre de Trente Ans, elle ne sera jamais trop contrariante avec les régimes successifs, avant de s'effacer en 1915 dans l'indifférence générale, au milieu d'une autre saignée européenne.

Il est temps de resservir nos amis. En évitant de renverser du vin sur cette édition de mars 1656, qui traîne. Et dont la première page indique une convention passée entre un imprimeur et un certain Eusèbe Renaudot, « conseiller et médecin ordinaire du roi, docteur régent de la faculté de médecine de Paris ». Et soudain, comme une illumination.

— Dis-donc, cher Théo – je peux t'appeler ainsi maintenant que nous sommes intimes –, j'ai tout de même très envie de savoir ce que sont devenus Isaac et Eusèbe, les mystérieux fondateurs du *Courrier français*...

Il sourit.

— Cher Bruno, ta perspicacité mérite bien une petite exclusivité. Quand je suis parti en janvier 1649 avec la famille royale et Mazarin, j'ignorais la tournure que prendraient les événements : et si le Parlement l'emportait dans le conflit avec la monarchie? Alors avec mes fils, nous avons eu l'idée de jouer sur les deux tableaux, le roi et la Fronde. Et comme l'évolution de la situation a tourné en faveur du premier, le maintien d'un *Courrier français* frondeur est devenu inutile. Bien joué non?

Bien joué en effet. Médecin controversé, magnat de la presse, habile manœuvrier, serviteur zélé du pouvoir, mais aussi et surtout incontestable philanthrope éclairé, c'était écrit d'avance. Avec Théo il fallait que tout s'achève sur un scoop à la hauteur de ce personnage équivoque et fascinant : Citizen Renaudot.

Mais j'entends qu'on tambourine déjà à ma porte.

René-Robert Cavelier de La Salle
(1643 – 1687)

René-Robert Cavelier de La Salle, partir un jour sans retour

Si je n'interviens pas, c'est sûr, la porte va sortir de ses gonds et atterrir dans mon salon. Alors que je l'entrouvre, une silhouette massive vêtue d'un manteau écarlate m'écarte du coude. Brutale irruption s'accompagnant d'une subtile fragrance de sous-bois qui ne parvient pourtant pas à camoufler le fumet plus rustique d'un castor mouillé.

Pas de doute, c'est bien le sieur Cavelier de La Salle qui vient, avec sa légendaire délicatesse, de s'introduire chez moi…

— Entre, René-Robert, fais comme chez toi donc.

Que n'ai-je dit.

D'emblée le voilà qui plante une croix dans mon plancher et brandit son épée en s'écriant, selon la formule consacrée :

— Au nom de Sa Majesté, je prends possession de cette terre !

Fâcheuse coutume sur laquelle nous reviendrons.

En le présentant à mes convives effarés, je tente de lui expliquer quelques notions concernant le domaine royal, les formules de politesse et la valeur de mon parquet en chêne qui m'a coûté une forêt du même bois.

— Eh bien, noble indigène, accepte en échange de ton hospitalité ce magnifique présent qui couvrira largement les dommages causés à ton bat-flanc.

Avec force fracas, il pose sur la table, en guise de compensation, ce qu'il décrit comme un wampum, ceinture de coquillages prisée des Amérindiens du Nord-Est américain. Me voilà donc aussi comblé que dédommagé.

Avant qu'il ne les fasse fuir, je préfère préciser à mes invités pourquoi je reçois ce baroudeur outrageusement perruqué et au visage couturé. Qui, plus que quiconque, semble « débarquer » chez moi.

Je les emmène pour cela au XVIIe siècle, outre-Atlantique. Dans ce coin d'Amérique du Nord que l'on appelait la « Nouvelle-France ». Devant leurs mines déconfites, je vois qu'une rapide mise à jour s'impose. Puisant dans ma mémoire télévisuelle *seventies* version noir et blanc, je prends mon intonation anxiogène et ma voix nasillarde pour en annoncer les prémices :

Les Envahisseurs.

Une ancienne histoire dont le prologue s'est joué à l'aube de ce 12 octobre 1492, lorsque Christophe Colomb débarqua de son vaisseau. Voyageur issu d'un autre monde, il s'était mis en route pour les Indes, à la recherche d'un raccourci que jamais il ne trouva. Tandis que le continent sud-américain subit depuis ce jour le tranchant de l'acier, des fusils, des maladies et de l'évangélisation forcée, le nord est encore épargné par ces bienfaits de la civilisation européenne.

L'un des premiers à le parcourir est Jean de Verrazane, un explorateur florentin, qui cherche pour le compte de François Ier le passage vers le Pacifique. En cabotant le long de la côte est, il fait escale en 1524 dans une île qu'il baptise habilement Nouvelle-Angoulême, du nom de naissance de son généreux mécène. Avant que les Hollandais ne passent derrière et ne la renomment forcément Nouvelle-Amsterdam. Suivis par les Anglais, qui modifient à leur tour la toponymie de la bourgade en New-York et qui, comme souvent, ont eu le dernier mot : *the last, but not the least.*

Jacques Cartier prend le relais et explore le Canada en 1534. Puis d'autres Français constituent, à partir du Québec, l'immense Nouvelle-France, qui, au XVIIIe siècle, s'étendra de la baie de l'Hudson au golfe du Mexique.

Pour l'anecdote, ce passé glorieux m'avait été brillamment raconté l'été de mes 13 ans par mon érudit de père, lors d'une longue méharée transcontinentale aussi enrichissante que fauchée. À Chicago, on trouve de nombreux lieux à la mémoire de Cavelier de La Salle. Suffisant pour que mon paternel, roublard plus par nécessité que par nature, tire sur la corde historique de mon véritable patronyme – Lassalle ! – pour nous obtenir de rares mais précieuses connivences, accolades et même quelques repas gratuits. Au pays du dieu dollar, quelle triomphante ironie pour cet ouvrier un poil anar qui s'en délecta longtemps.

Mais je laisse à présent René-Robert, que je sens perplexe mais troublé par cette proximité homonymique, aborder sa prime jeunesse à Rouen, où il naît le 21 novembre 1643.

Dans cette ville prospère et tournée vers le Nouveau Monde, sa riche famille bourgeoise le boucle chez les Jésuites. Il y effectue même son noviciat et prononce ses vœux en 1660. Scolarisé au collège de La Flèche, la Compagnie de Jésus façonne son esprit à la logique, à la physique et aux mathématiques.

— Un sérieux bagage intellectuel que tu utiliseras avec une certaine parcimonie pendant toute ton existence, me semble-t-il.

— Mes ambitions étaient ailleurs, mon destin ne pouvait justement pas s'encombrer de ces fardeaux inutiles.

Et c'est vrai que, très vite, ses professeurs notent l'imagination fertile de ce grand gaillard au caractère autoritaire et colérique. Des « infirmités morales » qui lui permettent d'être relevé de ses vœux dès 1667, et donc de se défroquer.

Pour cette âme d'aventurier en quête de gloire et de richesse, l'Amérique est évidemment la destination idoine. Et avec son frère Jean, abbé sulpicien en Nouvelle-France, installé à Montréal, et un oncle officiant dans la Compagnie des Cent-Associés fondée quarante ans auparavant sous l'impulsion de Richelieu…, il n'a plus qu'à faire ses malles et tracer vers ce Nouveau Monde qui, le croit-il ardemment, n'attend que lui.

Après Jacques Cartier, Samuel de Champlain, appuyé par Henri IV, avait fondé Québec, point de départ de cette Nouvelle-France qui naît au Canada dans la vallée du Saint-Laurent. Quand Cavelier y pose ses bottes en novembre 1667, c'est une colonie où vivotent quelques milliers de Français, alors que sur la côte est leurs rivales anglaises sont vingt fois plus peuplées. Cernés de tribus indiennes, ces premiers pionniers du « Pays-d'en-Haut » sentent assez rapidement qu'ils ne sont pas en terrain conquis. Alors, pour s'acclimater mieux et surtout plus vite, ils décident d'évangéliser les natifs, tout en pillant méthodiquement les fourrures de la région des Grands-Lacs. Car bien évidemment la seule bonne parole ne suffit pas à nourrir le colon.

Aussi pour permettre aux coureurs des bois d'effectuer leur razzia – cent mille peaux de castors pour la seule année 1660 – et fournir l'avide industrie chapelière européenne, nos ultra-marins doivent donc finasser avec les Indiens. Entre offrandes de verroteries diplomatiques et jeux d'alliances, ils parviennent malgré tout, en dépit de quelques riflettes, à mener avec les tribus une cœxistence relativement pacifique et collaborative. Contrairement aux Anglais et aux Espagnols qui, dans leurs colonies, font vigoureusement comprendre aux autochtones qu'ils ne sont plus les bienvenus sur leurs propres terres.

Et c'est dans ce contexte de colonisation « radieuse », qu'une seigneurie est concédée à notre Cavelier à titre gracieux dans l'île de Montréal. Avec pour voisins de joyeux Hurons et d'irascibles Iroquois.

— Juste une précision sur ce fief, cher René-Robert ; pourquoi l'avoir baptisé du nom de Chine ? Je sais, comme tu nous l'as dit, que tu ne voulais pas t'encombrer de certains bagages intellectuels, mais de là à ignorer à ce point ta géographie…

— Bruno, sache que je ne suis guère d'humeur à supporter tes sarcasmes.

Rectifions : René-Robert n'a jamais supporté qui que ce soit. Et réciproquement. Mais sentant implicitement que je ne pourrai pas à nouveau faire vibrer chez cet homme, aussi susceptible qu'athlétique, la corde de notre pseudo-cousinage, je n'insiste pas. En revanche, je ne résiste pas à vous expliquer que, si les habitants de son bout de Nouvelle-France ont surnommé en ricanant son domaine « La Chine », c'est à cause de l'obsession – contrariée – de son maître à « trouver le chemin de la mer du Sud, et par elle celuy de la Chine ». D'ailleurs, la boutade a perduré, car le nom est toujours celui d'un arrondissement de Montréal.

Début 1669, cet hyperactif a déjà des fourmis dans les jambes. Il prend rendez-vous avec la gloire, qu'il espère trouver en descendant la rivière Ohio. De là, il escompte trouver enfin le passage vers la « mer Vermeille », cet océan Pacifique qu'il imagine, avec une candeur touchante mais déterminée, à portée de canoë. Il monte son expédition. Si, comme disait le philosophe Alain, « le pessimisme est d'humeur, mais l'optimisme de volonté », alors Cavelier de La Salle pourrait en faire sa devise.

— Mais avec quel argent pars-tu ?

— Celui de la cession de mes terres.

"Rêveur" naïf peut-être, mais pas en affaires, le bougre ! Après l'avoir négligée pendant deux ans, il est parvenu à revendre sa Chine à ceux qui la lui avaient donnée.

Aubaine : ses plans coïncident avec les desseins évangélisateurs du père Dollier de Casson, supérieur des Sulpiciens en Nouvelle-France et seigneur de l'île de Montréal.

Ce premier voyage débute en juillet 1669 avec une flottille de neuf canots et quelques compagnons. Un ramassis d'inaptes, pas plus préparés à survivre en forêt qu'à défricher des routes inconnues.

Comme le père Dollier se méfie des sautes d'humeur déjà légendaires de Cavelier, il lui adjoint René Bréhant de Galinée, certes diacre pondéré mais surtout pseudo cartographe. Bref, des touristes en goguette menés par un guide infichu de topographier quoi que ce soit et dont la simple évocation fait écumer l'organisateur de cette expédition, foireuse s'il en est.

Mais ce que René-Robert ne nous dit pas, c'est qu'il n'est pas le seul à avoir un peu exagéré sur ses compétences. Là encore, la prudence la plus élémentaire quant à mon intégrité physique me pousse à garder enfouie cette réflexion. Mais je sais des choses. Grâce à Bréhant qui a consigné le récit du voyage. Et qui raconte que non seulement René-Robert est nul en astronomie, donc incapable de se diriger grâce aux étoiles, mais qu'il aura aussi du mal à demander son chemin aux populations indigènes. Puisque, contrairement à ses vantardises, il n'aligne pas trois mots d'algonquin ou d'iroquois, les langues du cru.

— Vous n'aviez pas de traducteur ? Pourtant, les premiers conquistadors en emmenaient toujours avec eux, pour lier connaissance avec les gens avant de les massacrer.

— Si, bien sûr. Un Hollandais. Hélas, il ne maîtrisait quasiment pas le français.

Le Hollandais a bon dos.

Sous la conduite erratique de Cavelier, qui, comme le relate Bréhant, « s'engageoit à ce voyage presque à l'estourdie, sans savoir quasi où il alloit », le groupe atteint en août le lac Ontario et en septembre la rive nord du lac Érié. Je suis le périple entre les plis de ma vieille carte Michelin et constate la modestie de la randonnée. Approximativement, un petit huit cents kilomètres en trois mois… Autant dire une balade en autocar de pensionnaires des Mimosas.

C'est pourtant le terminus car, deux mois plus tard, Cavelier se plaint de fièvre et retourne à Montréal. Plus question de découverte de la mer Vermeille. Il se fait oublier et ne reparaît qu'à la fin de l'été 1670. Qu'a-t-il accompli pendant ce laps de temps ?

— J'ai ma petite idée, retour de vieux réflexe de briscard, courir les bois et trafiquer des peaux ?

— Non, Bruno, j'ai descendu l'Ohio ! Jusqu'au confluent avec le Mississippi !

Son ton catégorique, fermé à toute discussion laisse entrevoir la fragilité de sa démonstration… Il n'a ni témoin, ni confirmation sérieuse de son récit. Juste la vanité de s'affirmer comme le premier Européen à avoir atteint celui qu'on appelle encore le fleuve Colbert et qui, selon les Indiens, se jette dans le golfe du Mexique.

Surtout, Cavelier ne supporte guère d'avoir échoué là où a réussi le marchand Louis Jolliet accompagné – horreur – d'un jésuite, Jacques Marquette. Qui ont formellement découvert le cours supérieur du Mississippi aux alentours de 1672.

Le gouverneur Louis de Buade de Frontenac, un querelleur riche de ses trafics de peaux mais quasiment exilé du royaume de France pour avoir fricoté avec la Montespan, favorite de Louis XIV, devient son protecteur. Qui se ressemble… Il lui donne en 1673 l'occasion de rebondir. Il doit sécuriser le commerce des fourrures de la colonie. Il fume le calumet avec les chefs iroquois et obtient qu'ils le laissent bâtir un fort à Cataracoui, qu'en courtisan avisé il nomme Frontenac.

C'est bien, mais encore insuffisant. Il lui faut regagner la France pour décrocher de quoi réaliser son grand dessein.

Arrivé en 1677 en métropole, il intrigue auprès des uns, soudoie les autres, affabule et étale ses découvertes imaginaires. Il est soutenu dans son entreprise de mystification par un théologien de la cour, conseiller diplomatique et orientaliste érudit.

— Quel est ce brillant esprit complice de tes combines ? demandé-je en remplissant les verres.

— Un certain Eusèbe Renaudot. Membre de l'Académie française, s'il vous plaît.

J'avale ma gorgée de travers. Toutes les pupilles de la tablée bondissent vers Théophraste, plus empourpré par l'orgueil que par la gêne de cette révélation.

— Donc le fils de… non pardon, que dis-je, le *petit-fils* de notre ami Théophraste !?

Renaudot Junior partage avec Cavelier sa rancune contre les jésuites et intercède en sa faveur. Voici Cavelier de La Salle reconnu seigneur de Cataracoui.

Un amuse-gueule.

Il est venu chercher bien plus auprès de Colbert. L'autorisation de fonder des établissements, celle de détenir la propriété des terres qu'il découvrira et, bien entendu, « la qualité de gouverneur dans lesdits pays ».

Car si Louis XIV, à la mort de Mazarin en 1661, a décidé de se passer de Premier ministre et de gouverner directement, Jean-Baptiste Colbert est bien l'influent ministre de la monarchie absolue triomphante.

Après avoir comploté pour faire dégringoler, dès 1661, Nicolas Fouquet, le trop puissant surintendant des Finances, Colbert récupère ses prérogatives. Innove en établissant un semblant de budget, réforme les impôts. Favorise, à travers le mercantilisme, l'intervention de l'État dans l'industrie avec la création de manufactures comme celle des Gobelins. Contribue à la création de grandes compagnies commerciales et, surtout, encourage la flotte marchande.

Le 12 mai 1678, grâce à l'entregent d'Eusèbe et à sa fantastique capacité à décrire des contrées qu'il n'a pas même entraperçues, René-Robert décroche l'autorisation d'explorer les immensités qui s'étendent à l'ouest des colonies britanniques, entre les Grands Lacs du nord de l'Amérique, et le Mexique et la Floride, possessions espagnoles. Tout en les constellant de forts. Certains ont beau murmurer au ministre de Louis XIV que ce projet est démesuré et son auteur cinglé, Colbert accepte.

Le 15 septembre 1678, Cavelier de La Salle, boursouflé de confiance comme jamais, revient au Québec avec une trentaine d'hommes. À Noël, il est en amont des chutes du Niagara et s'attelle à l'édification d'un fort et à la construction d'un brigantin, le *Griffon*. Un beau navire à deux mâts, d'environ quarante-cinq tonneaux et armé de sept canons. Un an plus tard, en août 1679, il appareille vers Fort Michillimakinac, une mission installée sur le détroit qui sépare les lacs Huron et Michigan.

Poursuivant l'exploration de ce dernier lac au cours de l'hiver, il remplit le *Griffon* d'une cargaison de fourrures, et ce, malgré l'interdiction royale de commercer avec les Indiens Outaouacs, déjà en affaires avec d'autres trafiquants. Mais chez René-Robert, l'appât du gain l'emporte toujours sur l'allégeance. Il renvoie son bateau ainsi chargé à Fort Niagara.

Reparti en vadrouille dans le sud du lac Michigan, il parvient à l'embouchure de la rivière Saint-Joseph, où, là encore, il fait bâtir un fort du même nom. Il y retrouve un certain Henri de Tonti dont le témoignage confirme la réalité de cet incroyable périple. Mais pendant ce temps, on est sans nouvelles du *Griffon* et de sa précieuse cargaison illicite.

En janvier 1680, Cavelier a descendu cette fois-ci le cours de l'Illinois et marque cette étape en construisant… un fort. Le Crèvecœur.

— À quoi doit-on ce qualificatif désenchanté ?

— Aux peines indicibles que nous avons endurées pour l'atteindre.

À peine posé, Cavelier décide de retrouver le *Griffon*, et ses fourrures à dix mille écus. Il s'entoure de cinq hommes et remonte en direction de la rivière Saint-Joseph, affrontant les caprices de mars, entre gel et dégel. Devant abandonner leur canot, ils arrivent en piétons au fort Saint-Joseph, où personne n'a vu ce « maudit tabernacle de bateau ». Tenace et intrépide, il poursuit vers le nord en direction du fort Niagara.

Au prix de difficultés infinies, le groupe progresse dans des forêts hostiles et sombres qui impriment leur droit de passage sur leurs vêtements déchirés et leurs visages ensanglantés. Il faut encore trimbaler les compagnons malades, voire mourants, bricoler des radeaux, confectionner des raquettes. Patauger dans l'eau boueuse et gelée, traverser des murs de ronces, s'enfoncer dans la neige.

Fin avril, c'est avec leurs allures de revenants d'outre-monde qu'ils atteignent enfin feu Fort Niagara. Car celui-ci a malencontreusement brûlé pendant leur extravagant périple. Mais Cavelier, qui n'est plus à cela près, ne se décourage pas et arrive le 6 mai 1680 à Fort Frontenac. Un contemporain salue ce voyage de près de cinq cents lieues, « le plus pénible que jamais aucun François ait entrepris dans l'Amérique ».

— Dis-moi René-Robert, je salue respectueusement la performance de ton trek. Mais tu es revenu à la case départ.

— En effet, et je suis même remonté à Montréal.

L'argent. C'est son carburant; l'argent le pousse à faire des trajets dans tous les sens pour régler ses affaires, trouver les fonds nécessaires à l'exécution de ses projets de mégalomane.

Il échafaude la suite des opérations, qui nécessite de résoudre encore quelques embarras.

— Tu ne fatigues jamais... Quel genre de tracas cette fois ?

— Oh, quelques impondérables que j'ai promptement réglés.

Des peccadilles, il est vrai. Les occupants du Fort Crèvecœur ont déserté, non sans avoir saccagé les lieux. Cavelier traque les mutins et les capture. Jetons ici un voile pudique sur le traitement qu'il leur a fait subir. Mais connaissant l'animal... Ensuite, il file monter une alliance entre les Indiens Miamis et Illinois contre les redoutables Iroquois. Pour installer dans les meilleures conditions de sécurité la future colonie française qu'il prévoit toujours de fonder autour du Mississippi. Et pour laquelle il se met – enfin ! – en branle en janvier 1682. Après trois ans et demi de tuiles et faux départs.

Quant à moi, je prononce tout bas le serment de ne jamais partir, ne serait-ce qu'en balade et encore moins en vacances, avec René-Robert.

Vingt-trois Français et dix-huit Amérindiens descendent les rivières Chicagou, Renards et Illinois. Une fois les glaces dépassées, ils pagayent. Jusqu'aux eaux du Mississippi, atteintes en février. On fête l'événement en construisant – obsessionnelle marotte de mon convive – un énième fortin, le Prud'homme.

Ce qui leur vaut la visite d'une tribu d'Arkansas, les locaux de l'étape. Rassurés sur les intentions des Visages Pâles, les Indiens partagent avec eux un calumet et les couvrent de ravitaillement.

— Je te comprends, je voyageais ainsi avec mon père, en dormant chez l'habitant. Tu les as bien remerciés, j'espère ?

— Penses-tu, je sais vivre. Nous leur avons offert une très belle cérémonie au cours de laquelle j'ai déclaré prendre possession de leurs terres au nom du roi de France.

Là s'arrête évidemment le parallèle avec mon bienveillant et altruiste papa.

L'expédition – devrait-on dire l'invasion qui ne dit pas son nom – progresse et fait étape en mars chez les Taensas, à leur tour hôtes de ces aventuriers demi-pensionnaires. Enfin ils parviennent chez les Coroas, qui annoncent aux visiteurs qu'ils sont à dix jours de rame de l'océan.

Le 9 avril, au bord du golfe du Mexique, un étrange cri de victoire résonne chez ces marins d'eau douce : « Mer en vue ! » Ils sont arrivés là où le Mississippi rencontre la mer océane, dispersant son cours en un delta labyrinthique.

— Félicitations, René-Robert, dis-je en suivant la prouesse sur ma carte. On doit se trouver si petit, noyé dans l'immensité du bayou.

Chacun son ressenti. Lui exprime son humilité en revêtant ce fameux manteau écarlate galonné d'or qu'il porte aujourd'hui et en faisant dresser une croix. Devant laquelle il proclame : « Je, René-Robert Cavelier de La Salle, en vertu de la commission de Sa Majesté [...] prends possession, au nom de Sa Majesté et de ses successeurs de sa couronne, de ce pays de la Louisiane, mers, havres, ports, baies, détroits adjacents et de toutes les nations, peuples, provinces, villes, bourgs, villages, mines, minières, pêches, fleuves, rivières compris dans l'étendue de ladite Louisiane. »

Ceci dit et assurément dit, nos voyageurs pseudo-protecteurs, aussi hirsutes qu'épuisés, et lassés du régime patates et ragondins, n'ont qu'une ambition immédiate : celle de rentrer à la maison. Dès le lendemain, ils reprennent la direction du Pays-d'en-Haut.

Cavelier, malade, a regagné Montréal. Il ne jouit pas de la gloire que sa découverte aurait dû lui procurer, accaparé par les intrigues propres à la Nouvelle-France. Aux démêlés avec les marchands de peaux concurrents s'ajoutent les tensions diplomatiques avec les tribus indiennes. Que Cavelier complète avec les complots jésuitiques qu'il croit déceler derrière chaque rival.

— Sans compter que Louis XIV a accueilli plutôt fraîchement la nouvelle de ta découverte, et ce malgré l'offrande d'un pays portant son blase royal. Je lis qu'il la trouve "fort inutile et qu'il faut dans la suite empescher de pareilles entreprises". Tout ce zèle pour rien. C'est désolant.

— C'est vrai. Mais Sa Majesté a aussi écrit à l'intendant de la Nouvelle-France qu'il consentait à achever mon entreprise.

— Ah bah alors, si tu es à l'abri des coups du Soleil lui-même, pourquoi te gêner en effet !

Le voici donc de retour en France fin 1683 pour plaider sa cause. Avec son distingué comparse Eusèbe Renaudot, il veut convaincre le roi de la position hautement stratégique de sa « future Louisiane ». Pour nous éclairer, il déplie sur la table la carte qu'il a fait établir.

Nul besoin de la comparer avec la mienne datant des années 70 pour constater l'énormité de l'escroquerie.

— Hé ho, René-Robert, sur ta carte le cours du Mississippi est au moins à deux cent cinquante lieues trop à l'ouest.

— Tu crois ? Dans ce cas c'est vraiment involontaire. J'ai perdu ma boussole chez les Illinois... À moins que ce ne soit chez les Iroquois, je les confonds toujours...

Avec sa topographie fantaisiste qui la colle aux territoires espagnols, l'embouchure du « fleuve Colbert » présente aussi les caractéristiques d'un excellent port pour de grands vaisseaux. Projection très ambitieuse pour un delta marécageux envahi par une végétation qu'on imagine aussi accueillante que les moustiques qui y résident.

Imperturbable, il avance encore qu'il saura recruter quinze mille supplétifs amérindiens, qui s'ajouteront aux quatre mille qu'il compte déjà au fort de Saint-Louis-des-Illinois.

Louis XIV, peu lucide et mal avisé car chroniquement en guerre contre l'Espagne, se laisse abuser en y voyant son intérêt. Il attribue à Cavelier le commandement de la future colonie de Louisiane et met à sa disposition une centaine de soldats et quatre navires : le *Joly*, la *Belle*, l'*Aimable* et le *Saint-François*.

— Pas si vite, René-Robert, je note les noms des vaisseaux.

Le roi nomme aussi Taneguy Le Gallois de Beaujeu qui, depuis la passerelle du *Joly*, est censé commander la flottille. Lors des préparatifs à Rochefort, le taciturne marin et l'explorateur colérique ne cessent de se disputer le commandement de l'expédition. Pour ne rien arranger, Cavelier fait recruter n'importe quel désœuvré en quête d'aventures un tant soit peu rémunérées. Il embarque deux fois plus de passagers que ne le permettent ses vaisseaux. Impose ses vues sur la gestion des vivres et la navigation, inflige à tous son humeur de dogue. Et Beaujeu de rapidement partager l'avis des officiers de Rochefort, constatant dans un soupir qu'« il y en a très peu qui ne le croient pas frappé ».

Ce collectif uni à la va-comme-je-te-soude appareille le 24 juillet 1684. On note parmi cette joyeuse marmaille de trois cent vingt personnes la présence de Jean Cavelier, son abbé de frère, et leur neveu. Ainsi qu'Henri Joutel, Rouennais à qui l'on doit le récit de cette croisière enchantée.

— Trois cent vingt accompagnateurs. Je le note…

En octobre, les bateaux surchargés de marchandises débarquent péniblement, aux Antilles, leurs passagers pour la plupart moribonds. Avec les quelques membres de l'équipage qui n'en ont pas profité pour se faire la malle, la flottille continue tant bien que mal vers le continent. À l'exception du *Saint-François,* malencontreusement capturé par les Espagnols.

Et dont je biffe discrètement la mention sur mon papier.

Le 1er janvier 1685, les trois navires restants croisent enfin dans le golfe du Mexique. Passant à douze milles du delta du Mississippi, que Cavelier, malgré la teinte sablonneuse si singulière de ses eaux, ne reconnaît pas. Il se fie à ses calculs empiriques de longitude – erronés de deux degrés – et, bille en tête, met le cap plein est.

Naviguant dans le brouillard, ils cabotent à l'aveugle le long de la côte du futur Texas. Pour retrouver le delta, dépassé depuis fort longtemps, Cavelier fait mettre pied à terre à un détachement de soldats, pendant que les bateaux continueront les recherches en mer. Un chenal semble les mettre sur la route du fleuve. Mauvaise pioche, l'*Aimable* s'y échoue lamentablement, coule et perd sa cargaison.

Et se trouve à son tour gentiment rayé de ma liste.

En mars, Beaujeu décide qu'il a assez donné dans cette tragi-comédie et rentre en France à bord du *Joly*, accompagné de plusieurs membres de l'expédition. Dommage, les réjouissances ne faisaient que commencer.

Allez, un vilain trait sur le *Joly.*

Quelque cent quatre-vingts personnes demeurent sur la côte. L'épave de l'*Aimable* est mise à profit pour l'édification d'un fort, le sempiternel dada de Cavelier, qui tente de reconnaître les environs mais nulle trace de son fleuve.

À partir du mois de mai, en bon monomaniaque, il fait bâtir un autre édifice au nord-ouest de la baie de Matagorda. Le climat tropical, la frugalité des rations alimentaires et la dureté de la besogne coûtent la vie à plusieurs hommes.

À la veille de la Toussaint, l'explorateur acharné monte sur un canot chercher un bras du Mississippi.

— C'est tout de même étrange, on ne perd pas ainsi le cours d'un fleuve long de trois mille sept cent quatre-vingts kilomètres. Tu as bien cherché partout?

Il aimerait faire passer son silence pour du mépris, mais j'y perçois surtout du dépit. Car la vérité, c'est qu'il rentre bredouille au fort, après avoir perdu son temps et six hommes sous les flèches indiennes.

Là, il apprend que la *Belle* se l'est faite et a disparu de l'horizon. Quelques jours plus tard, Henri Joutel, notre narrateur breveté, réceptionne cinq naufragés de cette dernière embarcation. On apprend que son pilote, totalement éméché, l'a laissée s'échouer. Un bateau ivre, au diapason de l'expédition : mal barré.

Ultime coup de crayon sur le dernier nom de cette liste aux airs d'épitaphe.

Au moment où les naufragés essorent à peine leurs haillons, Cavelier, lui, est déjà reparti. Plus de bateau? Bagatelle. Il trouvera son fleuve par voie de terre.

Cette fois, ils ne sont plus qu'une huitaine à parvenir sur le territoire des Indiens Cenis. Cavelier ne peut aller plus loin, tordu par une hernie. On rebrousse chemin vers la baie de Matacorda.

De là, le 12 janvier 1687, il trouve seize autres compagnons moins volontaires qu'irresponsables ou inconscients, on ne sait plus trop, pour l'accompagner en direction des Illinois. Vingt-cinq restent au fort.

— Dis, je ne veux pas créer un climat d'angoisse, mais j'ai noté que vous étiez cent quatre-vingts à rester sur la côte texane, deux ans auparavant. Où sont les autres ?

Il me fixe en prenant des airs de prophète. De malheur.

— Sache que les entreprises sont d'autant plus dignes qu'il y a de périls et de peines.

— OK. Dont acte.

Rien n'est épargné aux hommes partis en éclaireurs. Les pluies diluviennes effacent les rares pistes, les forêts sont impénétrables. Raison de plus pour faire profil bas auprès des villages indiens qui continuent à accueillir et renseigner la harde de conquérants qui n'en n'ont même plus l'air.

Le franchissement des rivières s'avère lui aussi chaque fois plus ardu. Pas tant pour mon invité que pour ses subalternes qui doivent, pour passer les gués, soulager les chevaux des paquetages aussi lourds qu'encombrants et superflus des frères Cavelier de La Salle.

— Enfin là, René-Robert, tu charries. C'est Joutel lui-même qui raconte que ton frangin l'abbé accapare les bêtes avec « plusieurs ornements d'église, jusqu'à une douzaine d'habits [...] dont on se seroit bien passé ».

Qui n'a jamais eu envie de pulvériser un compagnon de voyage au caractère exécrable, vous paumant en plein bled mais qui se vante de connaître les raccourcis et, pour parachever la déroute, ne sait pas faire une valise tout en réclamant que vous la lui portiez? Forcément, les nerfs craquent.

Il est à présent de retour chez les Indiens Cenis. Sa voix s'atténue. Je plonge mon regard dans les plis de la carte et après une brève étude, je constate qu'il n'est pas rendu.

Il n'ira d'ailleurs plus nulle part.

Une nuit de mars 1687, trois de ses proches – dont son neveu et son valet – sont lâchement assassinés par des compagnons d'infortune qui leur font payer au prix fort la longue ardoise de leur amertume.

Quelques jours plus tard, le 19, l'explorateur en chef vient aux nouvelles. Le ton monte avec les tueurs présumés. René-Robert vitupère et, comme de coutume, grimpe dans les tours. Dissimulé dans les hautes herbes, le chien d'un fusil est relevé. La balle tirée à bout portant sur Cavelier lui cloue le bec, et achève piteusement sa calamiteuse odyssée.

Ces meurtres font virer l'expédition du désastre à la tragédie. Les exécuteurs de la veille s'assassinent entre eux. Les Indiens Karankawas massacrent la vingtaine de personnes demeurées au fort de la baie de Matacorda et raptent les enfants. Seuls Henri Joutel, Jean Cavelier et cinq autres rescapés retrouvent les rives du Mississippi à pied, et, de là, rampent plus qu'ils ne marchent jusqu'à Québec. Enfin, ils rentreront en France et livreront sans vergogne une version revisitée de cette déshonorante épopée.

Dans un premier temps, la mort de René-Robert est gardée secrète par Jean Cavelier, qui continue ainsi à engranger les fourrures de son frère. Son récit de l'aventure est d'ailleurs une litanie de menteries qui a réussi à berner bien des historiens jusqu'à récemment.

La Louisiane, elle, attendra dix ans son véritable fondateur. En la personne de Pierre Le Moyne d'Iberville, qui, en 1697, explore la vallée du Mississippi et pose les bases de la colonie.

Avec le Pays-d'en-Haut, elle offre à la France un gros tiers de l'Amérique du Nord. De part et d'autre du Mississippi, du nord de la baie de l'Hudson au golfe du Mexique, de Terre-Neuve jusqu'aux Rocheuses. Si le royaume s'était intéressé plus sérieusement à ce continent au lieu de collectionner les queues de castors et de ferrailler contre les Anglais, Tom Sawyer et Davy Crockett seraient aujourd'hui des héros français.

Parcouru de sentiments contradictoires, j'observe la mine fermée de mon aïeul putatif. Personnage aux mille facettes que ce Cavelier de La Salle… Gros fumeur de calumet, homme des grands espaces, aventurier forcené et coquet, même enfoncé dans le bayou jusqu'aux genoux…

Mais aussi avide, mythomane et mégalo, demeurant pour la postérité l'intrépide et malavisé découvreur de la Louisiane.

Et, disons-le, pire tour-opérateur de tous les temps.

Cependant.

Malgré ses travers, quelque chose me bouleverse chez René-Robert : cette obstination aussi surhumaine que solitaire. Celle qui irrigue son ardeur désenchantée. Tel un Don Quichotte privé d'idéal ; un Ulysse sans Ithaque.

Charles d'Éon de Beaumont
(1728 – 1810)

Charles d'Éon de Beaumont, un agent inverti en vaut deux

Il devrait pourtant déjà être arrivé. Son métier lui interdit le moindre écart de ponctualité ; s'est-il fait pincer ? Voire pire ? Inquiet, je le guette depuis la fenêtre. Mais vais-je seulement le reconnaître ? Avec le Chevalier d'Éon, rien n'est moins sûr.

Tant pis, le récit de Cavelier de la Salle, aussi fantasque que rocambolesque, ayant éberlué ma tablée, je profite de la sidération muette de mes convives pour prendre la parole et introduire mon prochain invité qui se fait attendre.

Mobilisant mes souvenirs, je peux déjà conter à mes commensaux que Charles vient d'une famille de nobliaux installés à Tonnerre, en Bourgogne. Le père, Louis d'Éon, en est maire et gagne sa vie comme avocat au Parlement de Paris et dans le commerce du vin. Un jour de 1728, naît le petit Charles…

— Le petit Charles-Geneviève-Louis-Auguste-André-Timothée-Robert-Pierre. J'y tiens.

Qui m'interrompt ainsi ? Autour de la table, personne n'a moufté.

Cela semble venir de l'autre côté du salon, de l'alcôve camouflée dans l'ombre. S'en distingue peu à peu la silhouette fluette d'un officier avec épaulettes, sabre et baudrier. Celle-ci s'approche ; un casque, surmonté d'un cimier à crinière, scintille. Plus de doute, sous cette langue de feu cuivrée je reconnais l'uniforme des dragons.

Il était là depuis le début, nous écoutait. Plutôt : nous espionnait. Un réflexe professionnel pour le Chevalier d'Éon, agent secret au service de Sa Majesté.

En toute autre circonstance, je me serais ému de cette façon de s'insinuer dans mon intimité. Sauf que c'est pour ce genre de facéties que l'individu me fascine. Jamais à court de surprises, il m'a d'ailleurs inspiré un scénario sur sa vie (« ses vies » serait plus juste) qui paresse dans un carton mais reste bien vivace dans mon esprit. Il se délecte tellement de son petit effet et de nos yeux braqués sur lui que je ne souhaite pas, pour le moment, attiser son narcissisme légendaire en lui parlant de ce projet fantôme qui me hante depuis si longtemps.

J'expédie les présentations et le fais asseoir à la gauche de Cavelier. Entre affabulateurs patentés le courant devrait passer. Le nouveau venu s'adresse à l'assemblée :

— Je crois que vous discutiez d'un sujet passionnant : moi.

— Tout à fait, et plus précisément de ton avènement… Mais je t'en prie, poursuis. Qui mieux que toi pour pérorer sur toi ?

En aucun cas vexé, et prenant ma formule au pied de la lettre, il nous entretient *vraiment* de sa naissance. Dans les moindres détails. Il raconte être né « coiffé », c'est-à-dire recouvert de membranes fœtales dissimulant sa tête et son sexe.

— Savez-vous que le médecin qui a accouché ma mère ne put déterminer mon sexe, et cela même trois jours après ma naissance? D'où cette association de prénoms de baptême masculins et féminins.

Je ne vais pas commencer à contredire Charles-Geneviève-etc. Même si je sais que c'est l'une des versions qu'il a servies au cours de sa vie de hâbleur. Et qu'il était pourtant, à l'époque, courant de glisser quelques féminins dans la litanie des prénoms.

Apparemment sa mère, Françoise de Charanton, elle-même fille d'un commissaire général des guerres, l'élève en tout cas comme n'importe quel garçon de l'époque et de sa condition. Il s'amuse avec une épée et joue à la guerre.

Nous apprenons aussi de sa bouche qu'élève brillant et particulièrement cultivé, il obtient à 21 ans ses diplômes en droit civil et en droit canon. Et que c'est ainsi qu'en août 1748 il devient – dispense d'âge à l'appui – avocat au Parlement de Paris.

Sa belle écriture est saluée, il publie mais excelle aussi à l'escrime... *Mens sana in corpore sano.* Jeune homme prodige en tout point, se rêve-t-il également petite fille modèle? On peut légitimement se poser la question puisque Charles affirme qu'il fut repéré au cours d'un bal costumé à Versailles. Déguisé en femme, il aurait été abordé par Louis XV, abusé par la finesse des traits du jeune homme. Une fois détrompée, Sa Majesté aurait tout de même montré un vif intérêt pour son art du travestissement et l'aurait appelé pour servir au sein du Secret du Roi.

Je devine, à l'assourdissant silence de mes invités, la stupéfaction que suscite le nouvel entrant. Pas le moins du monde contrarié, celui-ci les regarde et, sur un ton badin, leur dit :

— Ce n'est pas ma faute si j'existe tel que la nature m'a fait. Bien ou mal conformé, j'ai toujours fidèlement servi le roi.

Cette nouvelle coquetterie romanesque est toutefois écornée par Évelyne et Maurice Lever, ses biographes méticuleux. Ils rapportent que c'est le prince de Conti, à l'époque patron du Secret du Roi, qui aurait remarqué le jeune Charles dans quelque mondanité. J'entends d'ailleurs prouver mes dires à mon invité en cherchant les notes que j'avais compilées en vue de cette série sur lui.

Tout en cherchant dans mes papiers, je l'interroge sur ce Secret du Roi.

Nous voici en ce XVIIIe siècle qui érige en art le mystère, entre sociétés secrètes et diplomaties parallèles. Louis XV, arrière-petit-fils du Roi-Soleil, en est particulièrement friand. Le Secret du Roi n'est connu que de quelques agents qui ne rendent compte qu'à un chef et au souverain lui-même, au moyen d'une correspondance chiffrée. Les ministres ignorent son existence, y compris celui des Affaires étrangères qui ne sait rien de ce billard à trois bandes poursuivant des logiques parfois diamétralement opposées. Fruit d'un patient travail souterrain, il permet de jouer sur plusieurs tableaux et d'offrir une échappatoire aux impasses diplomatiques.

Ainsi en est-il en 1756 de la question des alliances. La France est alors en cheville avec la Prusse. Une entente tournée contre ses sempiternels ennemis intimes, les Habsbourg autrichiens et leur soutien russe. Cependant cette Prusse, puissance montante en Europe continentale, s'avère un associé de plus en plus équivoque. La preuve, son souverain Frédéric II s'allie avec l'Angleterre qui mène une lutte ouverte contre les colons de la Nouvelle-France et confisque les navires français par centaines.

Je perçois le soupir nostalgique de René-Robert qui s'inquiète de la suite du récit.

C'est à cause de ce contexte délétère que Louis XV décide de changer de partenaire. Ce « renversement des alliances » est officialisé par le traité de Versailles, signé le 1er mai 1756 entre la France et l'Autriche sur laquelle règne l'Impératrice Marie-Thérèse. Dirigé contre la Prusse et l'Angleterre, il met tous les futurs belligérants en position pour la guerre de Sept Ans. Un conflit dont le terrain de feu est autant l'Europe que ses colonies, de l'Amérique du Nord à l'Inde. La véritable Première Guerre mondiale, mettant à contribution les populations autochtones.

— Et il me semble que c'est là que tu entres en scène, quand Louis XV veut élargir l'alliance franco-autrichienne à la Russie. C'est écrit dans mon dossier. Dites, personne n'a vu une pochette bleue marquée "Script / Chevalier d'Éon ?"

Silence... Ce charmeur semble hypnotiser l'assistance. Je vais devoir me débrouiller tout seul pour retrouver ce fichu scénario.

— En effet! répond-il les yeux brillants. Moi, le néophyte, on m'envoie à Saint-Pétersbourg accomplir une mission de très haute volée. Travailleur acharné et esprit subtil, insiste-t-il.

Ce sont là les qualités que lui trouve le prince de Conti, « ministre » du Secret, pour favoriser la conclusion d'un traité avec la Russie de l'Impératrice Élisabeth Ire. La partie n'a rien d'évident puisque celle-ci a gardé entière sa méfiance envers la France, dont elle éconduit les ambassadeurs.

Tout en vidant ma malle d'archives, j'entends Charles déballer pour sa part des histoires drôlement enjolivées. Il sert le récit fabuleux qu'il a légué à la postérité à travers ses *Mémoires*. Racontant qu'il est arrivé à Saint-Pétersbourg sous l'identité et dans les habits d'une certaine Lia de Beaumont. Et que c'est en jouant le rôle de lectrice auprès de l'Impératrice qu'il a conquis sa confiance et mené ses secrètes tractations.

Son imagination est fertile, un bureau des légendes à lui tout seul.

— Charles, attends que je remette la main sur ma pochette et je ferai état de quelques précisions concernant ces bons baisers de Russie.

Car, de mémoire, je sais que d'Éon est parti pour la capitale russe dans son costume de gentilhomme. Mais à Saint-Pétersbourg, l'Impératrice aime donner des bals costumés d'un « genre » particulier. Les participants doivent se présenter habillés avec les vêtements du sexe opposé. Une sorte de leçon qu'elle adresse à la cour, montrant que les sexes sont interchangeables, détail qui fait briller de satisfaction les yeux de Christine de Pizan. Et c'est sans doute lors de ce séjour que le jeune Chevalier goûte, pour la première fois, à l'art du travestissement. Il découvre dans le regard des autres que sa petite taille et la douceur de ses traits encore juvéniles font de lui une demoiselle très crédible.

Et il perçoit quelque chose d'encore plus important : il y prend goût.

Aussi, à Saint-Pétersbourg se montre-t-il sous son meilleur jour. D'un côté, délicieux et enjôleur, il conquiert l'entourage de l'Impératrice. De l'autre, méthodique et rigoureux, l'agent remplit pleinement son mandat en transmettant discrètement à qui de droit les propositions confidentielles de Louis XV.

Du côté de sa mission, le plan se déroule donc comme prévu. Un traité est signé et le roi est tellement satisfait de ses services qu'il le renvoie dans la capitale russe comme secrétaire d'ambassade en 1758. Par son truchement, un deuxième traité est ratifié entre les deux pays.

Tant de zèle et d'efficacité mêlés ne pouvaient que lui permettre d'accéder à son désir d'être nommé capitaine de dragons. Ce que Louis XV lui accorde royalement.

Car d'Éon a toujours voulu se battre sincèrement au service de la Couronne. Il prend d'ailleurs part aux derniers soubresauts de la guerre de Sept Ans lors de la campagne d'Allemagne en 1761. Le tout certifié par une blessure garantissant sur facture sa bravoure et faisant sa fierté lors de son retour en France.

Pendant ce temps, Louis XV a remanié le Secret et en a confié la tête à deux frères, le maréchal et le comte de Broglie.

— Oui Charles, j'avais même noté que l'on devait prononcer "de Breuil".

— Tout à fait Bruno, je vois cela. Fort intéressant ton petit dossier sur ma vie. De la belle ouvrage.

Interloqué, j'interromps instantanément mes recherches fastidieuses et découvre qu'il feuillette tranquillement mes notes. Autant médusé par son culot qu'admiratif devant son talent, je rejoins le salon, harassé et quand même un poil vexé.

Ce diable est moins un dragon qu'un chat. En douceur, il s'introduit où il veut, fait de vous ce qu'il désire. Ronronne et endort votre confiance. Pour ensuite distribuer des coups de griffe à qui vient le contrarier. Ce que je n'ai pas l'envie de susciter… car j'ai moi-même des chats.

En attendant, ses talents reçoivent une nouvelle affectation : Londres. Nommé secrétaire à l'ambassade de France, il accompagne en septembre 1761 l'ambassadeur, le duc de Nivernais. L'objectif est de favoriser la conclusion d'une paix la moins mauvaise possible afin d'achever cette guerre de bientôt Sept Ans qui tourne à l'indigeste vinaigrette pour la France. Voyez plutôt cette triste salade que nous effeuille le Chevalier.

On s'est battu en Prusse, dans le Hanovre, en Saxe, en Silésie, sur les ports français, en Amérique, aux Indes, au Sénégal, aux Antilles, sur mer. Frédéric II de Prusse, fin stratège, a su résister, grâce à sa témérité et à une série de coups de main du destin, aux multiples assauts des Autrichiens et des Russes, infichus de pousser leur avantage et de s'entendre entre alliés. Après des débuts très prometteurs, les Français, eux, ont échoué devant Hanovre, par excès de prudence, tandis qu'ils prenaient l'ascendant pour finalement se faire aplatir. Quant aux Anglais de George II, après avoir mené des raids sanglants contre les ports français, ils conquièrent Québec et Montréal, font capituler les forces françaises en Inde, ravagent Pondichéry, s'emparent de Saint-Louis du Sénégal, prennent l'avantage aux Antilles, coulent notre flotte et s'assurent la maîtrise des mers... Certes, l'entrée de l'Espagne dans le conflit aux côtés de la France en 1761 retarde d'un an l'inéluctable dénouement : mais dans chaque camp on s'accorde à dire qu'il faut arrêter les frais et cette folie.

— Plus d'un million trois cent mille morts dont la moitié de civils ! Quel carnage !

— Sans compter que tous les États en sortent financièrement exsangues et lanceront par la suite des taxes à tout va pour éponger leurs dettes.

Autres temps, mêmes méthodes. Et outre-Atlantique, voilà qui va fortement irriter le colon anglais... dans les treize colonies américaines, mais c'est une autre histoire.

Quoi qu'il en soit, Charles déploie à Londres tout son savoir-faire. Le noceur mène grand train. Se fait inviter partout, choyer. Les mondanités constituent à la fois son art de vivre et son théâtre d'opérations. C'est à l'occasion de l'un de ces banquets qu'entre deux toasts il parvient à escamoter à l'un des négociateurs britanniques un document extrêmement sensible. Lequel mentionne les concessions maximales que les Anglais seraient prêts à accepter. Transmis à Choiseul, ministre des Affaires étrangères de Louis XV, il doit, en principe, permettre aux Français de limiter la casse.

Cependant, malgré ce coup d'avance sur l'ennemi, les termes du traité de Paris, signé le 10 février 1763, sont catastrophiques. La France doit restituer les zones occupées en Europe, notamment au Hanovre. En outre-mer, elle ne perd rien moins que son premier Empire colonial. En Inde, la présence française est ramenée à cinq inoffensifs comptoirs. Quant à la Louisiane, elle est dépecée entre l'Espagne, qui reçoit les territoires à l'ouest du Mississippi, et l'Angleterre qui s'empare des territoires de l'est ainsi que du Canada.

Un cri d'effroi me fait bondir ; rien de grave, ce n'est que la réaction de Cavelier, totalement mortifié d'apprendre qu'on a bradé sa Louisiane. Revenant à mon conteur, je m'aperçois que sa chaise est vide.

Mes convives et moi, incrédules, regardons autour de nous, sous la table, dans l'alcôve obscure, les autres pièces, chaque placard. Rien ! Disparu ! Le dragon s'est envolé. Quand, tournant mon regard vers le salon pourtant visité quelques secondes auparavant, j'aperçois des plumes qui dépassent du dossier de mon fauteuil. Plantées sur une coiffe féminine qui dodeline. Je m'avance vers cette nouvelle apparition et découvre une narratrice imperturbable qui reprend le fil de son récit.

La femme est enveloppée dans une robe à paniers qui lui descend jusqu'aux pieds. Le timbre de sa voix est plutôt doux ; l'allure gracile et le maintien élégant. Il faut accepter l'évidence : c'est bien notre Chevalier.ière d'Éon. Tout en dame vêtu.e.

Passé ma stupéfaction, et plus encore celle de mes invités hébétés, je m'interroge : comment vais-je m'adresser à elle ou lui sans froisser personne ? Je biaise.

— Je t'en prie cher.ère ami.e, continue.

Le récit de ses prouesses reprend comme si de rien n'était.

— Le duc de Nivernais, malade, est rentré en France. Et devine à qui le roi à confié l'intérim à la tête de l'ambassade de Londres ?

Ministre plénipotentiaire ! C'est paré de ce grade prestigieux qu'il chauffe la place au comte de Guerchy, futur ambassadeur. Il festoie et invite à tout va ; car, on l'a compris, pour faire la java il y a toujours l'accord d'Éon. Bref, les réceptions de l'ambassadeur sont réputées pour le bon goût du maître de maison.

— Par contre, Choiseul, ton ministre de tutelle, goûte moins les réjouissances quand il se rend compte que tu as claqué en quelques mois le budget annuel de l'ambassade...

Mon invité.e ne relève pas ce genre de vétilles. Car cette courte période de transition est consacrée à l'exercice d'un savoureux double-jeu. D'une part l'ambassadeur intérimaire joue à fond la carte du réchauffement des relations entre la France et l'Angleterre, consacré par ce traité de paix bancal.

— J'étais au mieux avec toute la cour ! se fait-il mousser. Le roi George III m'adorait et me recevait en audience privée !

D'autre part, l'agent du Secret obéit aux ordres de Louis XV qui a une approche très personnelle de la réconciliation, puisqu'il envisage rien moins que d'envahir la Grande-Bretagne. À ce titre, il fait passer des ordres ultra confidentiels au Chevalier afin de préparer un débarquement sur les côtes anglaises. Avec le marquis Carlet de la Rozière, discrètement dépêché à ses côtés, il fait des repérages sur le littoral, tout en tenant informé le grand patron à travers des courriers chiffrés. Sur ordre du roi de France, l'espion loue un logement séparé de l'ambassade afin d'y déposer en toute sécurité ses billets top-secret et ses relevés explosifs. Une belle et coûteuse demeure, qu'il remplit de centaines de précieux ouvrages car il est toujours un éternel érudit amoureux des lettres.

La confiance de Louis XV est grande ; elle va même jusqu'à demander à son agent de garder un œil sur le nouvel ambassadeur, le comte de Guerchy. Qui est maintenu dans l'ignorance des barbouzeries du Chevalier.

Guerchy prend ses fonctions à la fin de l'été. Aussi sec, il remet à sa place l'intérimaire et le rétrograde secrétaire d'ambassade.

— Quelle arrogance ! Tout cela parce que Guerchy est "né" ! Tandis que je ne suis humblement issu que d'une famille bourgeoise.

Oui, mais de celles qui accolent un nom de propriété – Beaumont – pour singer les patronymes aristocratiques, me dis-je *in petto* pour ne pas tourmenter plus que cela mon Charles.

En tout cas, l'humiliation est terrible pour d'Éon qui s'imaginait, un jour, secrétaire d'État aux Affaires étrangères. De plus, se rengorgeant de ses hauts faits, il ne supporte pas l'autorité du nouveau venu qu'il juge parvenu et totalement nul. Et il craint, par-dessus tout, qu'il ne s'arroge le bénéfice de son action.

En attendant, l'astre étincelant de Londres se transforme en satellite blafard, ramené à sa condition de perpétuel sous-fifre. Une frustration absolument insupportable au point de le faire littéralement partir en sucette.

Il commence à adresser des lettres insolentes à Choiseul, moque l'ambassadeur Guerchy en public, se répand en confidences douteuses dans le Tout-Londres. Va jusqu'à publier une partie de sa correspondance diplomatique. Les gazettes anglaises s'empressent de glousser sur les écarts et les rodomontades de ce diplomate hors de contrôle, qui font bientôt caqueter joyeusement toutes les "basses-cours" des chancelleries européennes.

Sauf une : Versailles. Louis XV goûte moyennement ce genre de facéties et rappelle séance tenante son agent perturbateur.

Mais l'agent… provocateur ne rentre pas. Ses lettres royales et ordres de missions top-secret sont pour lui des totems d'immunité. Les dévoiler ouvrirait une crise diplomatique périlleuse pour une France convalescente. Face à un espion qui tourne maître-chanteur, le roi n'a plus d'autre choix que de mettre le comte de Guerchy au parfum de ses cachotteries passées. Une fois l'amère pilule avalée, celui-ci, revanchard, accepte de récupérer par la force ces détonateurs de papier.

Il envoie donc ses hommes chez d'Éon, mais c'est l'épée à la main que le Chevalier les accueille, après avoir transformé sa maison en camp retranché.

L'ambassadeur contre son ancien secrétaire : deux camps, forts de leurs soutiens respectifs, s'affrontent dans une guerre de libelles qui captive la capitale anglaise. « *Ici Londres. Les Français parlent aux Français.* » Et les Anglais se marrent.

Le comte se répand sur la folie de son secrétaire qui paraît de plus en plus souvent en société dans sa toilette féminine. Le petit Charles réplique avec un humour mouillé d'acide, et égratigne les dignitaires qui doivent moins leur situation à leur talent qu'à leur naissance. Sa légitime idée fixe.

Forcené, d'Éon poursuit sa fuite en avant et exige de sérieuses compensations en échange de la restitution de ses sulfureux documents. En face, on envisage toutes les options pour faire cesser le chantage de l'agent nocif. Du rapt à l'extradition.

— Voyons Charles, après cette guerre perdue, était-ce vraiment le meilleur spectacle à offrir à notre ennemi héréditaire ?

— Oh, mais les Anglais n'étaient pas de simples spectateurs du match, Bruno. Au contraire, je les ai fait entrer sur le terrain et leur ai donné un poste essentiel.

Car d'Éon est à présent persuadé que Guerchy a tenté de l'empoisonner. Pour lui, l'ambassade n'est qu'une enclave hostile dans un pays ami. Confiant dans ses appuis, le ressortissant français en appelle à la justice britannique pour juger son propre ambassadeur… ce dernier en étant réduit à former un recours auprès du roi George III afin qu'il interrompe les poursuites. Pendant que les Anglais, hilares, regardent passer les balles depuis leur chaise d'arbitre, Guerchy supplie Louis xv de le laisser quitter cette arène de dingues dont il franchit la grille en 1767 sans se retourner.

Au final, d'Éon a plutôt bien négocié : après être allé jusqu'à menacer de se mettre au service de l'Angleterre, il rend à Louis XV son ordre de mission secret concernant le repérage des côtes anglaises mais il conserve habilement le reste des documents. Et perçoit de copieux émoluments.

— Après un tel sac de nœuds ? À quel titre ?

— Celui d'informateur.

Il soupire.

— J'étais relégué au rang de simple informateur...

Dès lors, l'espion se fait agent discret et se démène dans l'ombre. Pour un acteur comme lui, les coulisses sont les ténèbres. Cette éclipse dure quatre ans. Retrouver la lumière sans laquelle il s'étiole devient son obsession. N'y tenant plus, il propage en 1770 une rumeur : le Chevalier serait en fait une chevalière ! Il veut rentrer sur le continent sous les habits neufs d'une femme d'exception, qui, éduquée en garçon, aurait su « s'élever à la hauteur d'un homme ».

Cette nouvelle fantaisie arrive aux oreilles de Louis XV. Décidé à tirer cette affaire au clair une bonne fois pour toutes, il dépêche en 1772 un certain Jean Drouet pour constater par lui-même le sexe de celle qui se fait dorénavant appeler Mademoiselle d'Éon.

S'entame alors une vraie partie de poker... menteur.

— Charles, j'avoue que ce coup de bluff est épatant. Mais faire croire à un envoyé du roi que tu es une dame, c'est un pari dangereux.

— Et qui te dit que je ne le suis pas ? Il m'a pourtant tâté.e en chaque endroit et n'a rien décelé.

Ce que dit mon invité est exact. L'émissaire de Louis XV a effectué des palpations *par-dessus* les vêtements féminins. L'art du déguisement du Chevalier a fait le reste pour dissimuler sa véritable anatomie. Le bluff fonctionne, la dame l'emporte sur le roi.

Mais la mort du souverain, en 1774, redistribue les cartes. Il va falloir jouer plus serré avec le successeur et petit-fils de Louis XV, le jeune Louis XVI. Car, d'entrée, celui-ci supprime le Secret. De quoi va vivre d'Éon à Londres ? Il souhaite rentrer, mais vu ses frasques passées il risque plus d'être logé à la Bastille qu'à Versailles. Alors il réclame des garanties. Les papiers confidentiels qu'il possède constituent toujours une belle main pour faire tapis et remporter la mise. S'ouvre une nouvelle partie.

L'année d'après, Louis XVI lui envoie un agent rompu aux missions délicates. Un certain Pierre-Augustin Caron.

— Plus fameux de nos jours sous son *alias* : Beaumarchais.

Entre ces deux joueurs aussi volubiles et baratineurs que stratèges, et maîtres des combinaisons complexes, la négociation est longue, ardue mais fructueuse. D'Éon accepte de remettre ses documents ultraconfidentiels. En échange, il est autorisé à regagner la France, et le roi versera une rente viagère de douze mille livres à la chevalière.

— Je vois que la Couronne a fini par avaliser ton identité féminine.

— C'est le moins qu'on puisse dire. Sa Majesté m'interdit désormais de reparaître autrement que vêtu en femme.

Toute victoire a un prix.

Il avait déployé son art et son génie de la persuasion pour convaincre Beaumarchais de sa féminité. L'adhésion à sa démonstration excède largement ses attentes. Il est maintenant sommé de renoncer définitivement à ses nom et sexe masculins.

Pas plus bouleversé que cela par cette nouvelle donne, il nous conte une anecdote extravagante.

— Tandis que la nouvelle de mon prochain départ se répand dans Londres, un invraisemblable procès se déroule dans la capitale anglaise. On ne devient pas impunément la coqueluche des échotiers. Des parieurs ont gagé sur la réalité de mon sexe. Pour trancher leur litige, l'un des miseurs a assigné l'autre au tribunal. Je n'y ai pas comparu mais de faux témoins se sont chargés de faire pencher les débats. À l'issue des délibérations, la justice anglaise a rendu son verdict : je suis une femme. Les juges ordonnent donc la remise de ses gains au vainqueur. Étonnant n'est-il pas ?

Et il part dans un éclat de rire qui emporte tout.

Finalement, l'enjeu vivant de ce barouf judiciaire vogue vers la France. Il se présente en août 1777 à la cour, dans son uniforme de capitaine de dragons. Visiblement sans avoir saisi toute la portée de l'engagement qu'il a pourtant signé. Car Louis XVI est convaincu qu'il a affaire à une Chevalière d'Éon.

— Et du coup, il te dit d'aller te rhabiller.

— Oui, en confiant ma vêture à la reine Marie-Antoinette.

Et la jeune Autrichienne est tout excitée à l'idée de commander à sa couturière un trousseau pour couvrir la fameuse demoiselle qui arrive d'outre-Manche. C'est ainsi que la Chevalière d'Éon fait son grand retour au château de Versailles en novembre 1777. Une foule de courtisans s'est pressée pour assister à l'événement.

Le spectacle en déroute plus d'un. La Galerie des Glaces aurait pu prendre des allures de podium pour un défilé de mode, mais il s'agit plutôt d'un barnum pathétique où le Chevalier joue les bêtes de foire. On est loin des travestissements raffinés du jeune Charles. Sont-ce les choix vestimentaires qui lui ont été imposés ? Le presque quinquagénaire a maintenant une démarche balourde, coincé dans sa robe à paniers. En équilibre sur des souliers pointus, sa pilosité est grossièrement dissimulée sous des pelletées de poudre. La mascarade fait le bonheur des gazettes et des jacasseurs. Voltaire n'est pas le moins assassin qui parle d'« un monstre, [de] cet animal amphibie qui n'est ni fille ni garçon, l'hermaphrodite de Versailles ».

— Pauvre ami.e. Tu as dû vouloir te terrer après un tel affront.

— Penses-tu ! J'ai fréquenté les salons parisiens où l'on m'a fait le meilleur accueil.

Bravade ou déni, peu importe. Charles-Geneviève, infrangible, a inventé la résilience. Sauf que son vedettariat est aussi sa prison. Outre-Atlantique les colons britanniques, las des taxes que le roi leur fait payer, déclarent leur indépendance. La France se porte à leur secours, moins pour voler à l'aide des idéaux de liberté des Insurgents que pour prendre sa revanche sur les vainqueurs de la guerre de Sept Ans. Incapable de résister à cette occasion d'embarquer et participer à la bagarre à laquelle il aspire tellement, notre Chevalier ressort son uniforme de capitaine de dragons et l'arbore aussi fièrement qu'inconsidérément.

Mal lui en prend. La sanction impitoyable du roi qui avait défendu à la demoiselle d'Éon de se déguiser en homme tombe aussitôt. Il le fait arrêter et exiler sur ses terres familiales de Tonnerre.

Six années passées au vert, à gérer son domaine et à exporter du vin. Mais il s'y morfond comme au bagne. Jusqu'au jour où Londres se rappelle à son bon souvenir, en la personne de son ancien logeur qui lui adresse l'ardoise de ses loyers en souffrance et menace de vendre ses biens, à commencer par sa merveilleuse bibliothèque. En novembre 1785, d'Éon, affligé à cette idée, renoue avec la trépidante vie londonienne, adoucie par une modeste rente viagère mendiée auprès du pouvoir.

Retrouvant sa maison et ses précieux livres, il écrit des ouvrages d'économie politique, tient salon et, surtout, fréquente la salle de son maître d'armes.

— Une belle occasion de te donner encore en spectacle...

— Oh oui et quel *show* ! Car je ne pouvais pas décevoir le prince de Galles !

Effectivement, le futur roi Georges IV a concocté *himself* un programme exceptionnel au palais de Carlton House ce 9 avril 1787. Il a organisé un « assaut d'armes » entre les chevaliers de Saint-Georges et d'Éon. Ce Joseph Bologne de Saint-Georges, métis né à la Martinique d'une esclave et d'un colon en fuite, en plus d'être un intellectuel brillant, un violoniste virtuose et un playboy éclatant, est aussi l'une des plus fines lames de son temps. Face à lui, la d'Éon est une vieille demoiselle arrondie, de taille bien inférieure, et qui mène ses assauts encombrée de ses habits féminins.

Je n'ose imaginer sa déroute et tente un timide :

— Verdict ?

— J'ai triomphé, Bruno ! Sept fois j'ai touché Saint-Georges !

Admiratif je m'exclame :

— Non mais quelle femme !

Après ce somptueux fait d'armes, deux années s'écoulent, entre écriture, règlement d'arriérés et autres impayés grâce à des duels d'exhibition. Jusqu'à l'été 1789, où il ne cache pas sa satisfaction en apprenant la prise de la Bastille. Il s'enthousiasme pour la Révolution, et célèbre la chute de cet Ancien Régime qui a tant entravé le destin auquel ses mérites le destinaient s'il n'avait pas été si petitement né.

Toujours prêt à faire le coup de feu pour la Nation, il écrit en mai 1792 à l'Assemblée nationale pour proposer de conduire une armée contre les ennemis de la Patrie.

Hélas, non seulement les offres de service d'un vétéran de 65 ans n'intéressent plus personne, mais l'Angleterre, à présent en guerre contre la France, n'a aucun intérêt à le laisser rejoindre les lignes ennemies. D'autant qu'il est de plus en plus lourdement endetté sur le sol anglais. Le pouvoir tricolore ayant coupé les vivres des pensionnés, il a maintenant vendu sa précieuse bibliothèque pour survivre et risque toujours sa vieille carcasse dans des joutes de moins en moins performantes et rémunératrices.

Jusqu'au fameux combat de trop. En 1796, une lame de fleuret transperce son bras lors d'une rencontre à Southampton. À 68 ans, contraint et forcé, il dépose définitivement les armes.

Recueilli.e par une veuve miséricordieuse, Mary Cole, il partage son quotidien de misère. Sombre dans un mysticisme échevelé et accumule les graves pépins de santé.

Le 21 mai 1810, après plusieurs années d'impotence, l'octogénaire s'éteint. Comme sa naissance, sa mort lui offre tout de même une belle occasion de faire son intéressant. En effectuant sa toilette mortuaire, l'honnête Mrs Cole découvre une anatomie inattendue chez sa *roommate*, qu'elle avait toujours considérée comme une honorable demoiselle. Appelé à la rescousse, un chirurgien, accompagné de dix-sept témoins, confirme la biologique vérité : sans le moindre doute, elle a vécu quinze ans avec un homme sous son toit. *Shocking*!

Certainement d'Éon savait-il qu'*on ne vit que deux fois*. Ce qui lui a permis de mener sa double existence : quarante-neuf ans en homme et trente-trois en femme.

Toujours persuadé d'être l'astre de la soirée, il conclut, rayonnant :

— Ma vie est sans queue ni tête, j'ai vécu tantôt sous l'Empire du soleil et tantôt sous celui de la lune.

Sur l'échiquier diplomatique, il aura successivement été pour son roi l'espion, le fou et la dame. Brillant esprit, le corps chaste mais l'identité en vrac, il s'est voué à l'épate et à la mystification. Jusqu'à s'y perdre, finissant par se persuader lui-même qu'il était femme.

Espion il était, icône de la communauté LGBT il est devenu.

Du double jeu au double je.

Louise Michel
(1830 – 1905)

Louise Michel, l'école des flammes

Dehors soudain, ça gueule, ça braille et ça klaxonne tout ce que ça peut. On dirait bien qu'il y a une émeute dans mon quartier. Pas le temps de me pencher à la fenêtre qu'on sonne à ma porte. J'ouvre et je découvre une grande femme brune, tout de noir vêtue, les traits anguleux, encadrée par deux pandores qui lui tiennent fermement les bras.

— Cette dame nous dit qu'elle est votre invitée.

— Bruno, dis à ces cognes de me lâcher ou je ne réponds plus de rien.

— Elle tentait de monter une espèce de barrage avec des poubelles et a failli bloquer la circulation dans votre rue.

— J'enseignais aux gosses qui s'amusaient sur ta chaussée à ériger une barricade pour éviter qu'ils se fassent faucher sur leur terrain de jeu par des espèces de machines hurlantes à roulettes ! C'est un crime ça, peut-être ?!

— Messieurs, puisque tout semble être rentré dans l'ordre, je vais vous demander de libérer mon invitée. Merci.

Aussitôt relâchée, ma Louise, de sa démarche volontaire, franchit la porte sans un regard pour les flics et se dirige, digne, vers ma tablée.

— Bonjour, Bruno. Merci pour ton soutien !

Oserai-je lui dire qu'elle ne pouvait pas en attendre moins de ma part ? Elle qui fut l'idole de mon père, et dont le prénom faillit être celui de ma fille si un pile ou face consenti avec mon épouse n'en avait choisi un autre tout aussi charmant. Bref…

— Bonjour, ma très chère amie.

Tout en lui indiquant sa place, je la présente.

— Mesdames et messieurs, Louise Michel.

— Bonsoir, camarades.

Je fais donc un bref topo aux camarades sur les événements survenus ces trente dernières années depuis la mort de le.la. Chevalier.ère d'Éon en 1810. Le Premier Empire a laissé place à la Restauration. Louis XVIII et Charles X, les frères cadets de Louis XVI, se succèdent à la tête d'une monarchie parlementaire aussi bêtement autoritaire que mollement constitutionnelle, et que Charles X, ultraroyaliste forcené, tente d'anéantir par un lamentable hold-up quand les libéraux emportent la majorité à la Chambre des députés en mai 1830.

Les conséquences de son putsch manqué auront au moins un mérite : inspirer en partie à Victor Hugo ses *Misérables*, toujours ça de pris aux monarchistes moisis ! Mais revenons à ma Louise. Le destin taquin voulut que ce soit lors de ce mois emblématique d'un despotisme hargneux qu'au château de Vroncourt-la-Côte, humble village de la Haute-Marne, Marianne Michel, la servante célibataire des Demahis, ses maîtres, accouchât d'une petite Louise née des « amours » ancillaires entre elle et…

— Et qui d'ailleurs, Louise ?

— Je n'ai jamais su si mon père était le patriarche Charles-Étienne ou son fils Laurent.

Une interrogation sur ses origines qui, même si elle fait mine de l'évacuer dare-dare, la hantera toujours. Elle continue, en précisant que le fils s'est rapidement fait la malle et que le couple de châtelains a eu la délicatesse de ne pas chasser la bonne. Bien au contraire, les Demahis sont pour la petite Louise des grands-parents attentionnés.

— Tu as donc mené la vie de château, toi Louise l'insoumise ?!

— Tu parles d'un château ! Une vaste ruine où le vent soufflait comme dans une cabane vermoulue.

Malgré ces courants d'air, elle y vit des années plutôt heureuses. La vieille bâtisse prend vite l'allure d'un refuge de la SPA, peuplé des animaux souffreteux que Louise recueille inlassablement. Mais elle y découvre aussi la musique, le chant, la lecture, la poésie. Sa mère et sa tante, elles fort bigotes, l'emmènent à l'église. Louise s'imprègne de leur mysticisme qui, déjà, fait communier son cœur et ses sens. À l'opposé, ses grands-parents libéraux lui font découvrir Voltaire et Rousseau.

Mais revenons à Charles X, dont le coup de force n'a pas fait long feu. En édictant ses Ordonnances de Saint-Cloud le 25 juillet 1830, il pensait pouvoir museler la presse, convoquer de nouvelles élections après avoir truandé le mode de scrutin. Le frère de Louis XVI ne parvient, au bout du compte, qu'à donner aux Parisiens un certain esprit d'avant-garde et surtout le goût des installations éphémères. Car dans la capitale, la barricade deviendra à l'insurrection ce que les bouchons sont aujourd'hui à la circulation : une tradition.

Au terme des journées insurrectionnelles des Trois Glorieuses, les 27, 28 et 29 juillet, Charles X, le dernier roi de France, finit par abdiquer. Les députés assoient sur le trône son cousin Louis-Philippe Ier, qui se déclare Roi des Français, terminologie tartuffe qui révèle sa vraie nature dix-huit ans plus tard. En février 1848, celui qui se proclamait « roi-citoyen » raidit sa posture et montre son imposture. Aussitôt, les barricades refleurissent. Son exil – ou plus exactement la chute de son régime – permet à la IIe République de prendre le relais, et en décembre est organisée la toute première élection présidentielle de l'Histoire de France. Louis-Napoléon Bonaparte, le neveu de l'Empereur, est élu dès le premier tour avec le score quasi nord-coréen de 74 % des voix.

Pendant ce temps, Louise s'instruit, apprend les langues étrangères, dévore la littérature et se jette éperdument dans l'écriture. Une production effrénée de qualité variable – même ses exégètes les plus fervents, comme Thierry Maricourt, auteur d'une magnifique histoire de la littérature libertaire, le reconnaissent. Des pièces, des romans… et surtout de la poésie à laquelle elle se voue avec ardeur. Déjà elle versifie dans les colonnes de *L'Écho de la Haute-Marne*, et signe du nom de Demahis… pour l'instant.

— J'ai même envoyé mes poèmes à Victor Hugo.

— Non ? Il t'a répondu ?

— Oui et nous avons eu pendant très longtemps une belle relation épistolaire.

— Bravo, tu devais être tellement fière.

Elle baisse les yeux, gênée, car dans l'ombre du géant, la poétesse en herbe nous confesse qu'elle ne se voit qu'en obscur bas-bleu. Un autodénigrement sévère qui trouve son origine dans les affronts subits par cette enfant que l'on ramène cruellement et trop souvent à sa condition de « petite bâtarde ». Élevée comme une jeune fille de bonne famille mais à jamais marquée du sceau d'une naissance infamante. Tiraillée, rarement à sa place, elle se sent désorientée comme une « aiguille qui cherche le nord ».

Les événements vont soudain choisir pour elle. En 1850, ses deux bienveillants grands-parents décédés, Louise et sa mère sont invitées par les héritiers du château à décamper séance tenante. Et à cesser d'utiliser le patronyme Demahis. On est presque chez Fantine, Cosette et les Thénardier ; Hugo n'est jamais loin.

La demoiselle Michel qui voulait vivre de sa plume va devoir trouver un emploi. Elle passe à Chaumont son brevet d'institutrice.

— Ta mère devait être comblée ?

— Tu parles, Maman m'aurait voulue cuisinière, on y gagne mieux. Mais j'ai préféré laisser à d'autres le soin de remplir les ventres. Ma mission à moi était, je le sentais, de nourrir les têtes. J'ai exercé mon sacerdoce dans l'enseignement public jusqu'à ce maudit jour de 1853 où ma hiérarchie a réclamé ma fidélité à l'Empereur. Plutôt mourir…

— Et tu quittes l'enseignement public pour t'éviter un simple serment… Était-ce bien raisonnable ?

— Mais Bruno, je ne suis pas raisonnable, pas plus qu'on ne m'arraisonne quand je devine l'injustice et l'usurpation.

C'est pour moi le moment de reprendre la parole afin de délivrer à mes convives quelques éléments de contexte.

En concurrence avec une Chambre aux mains de députés royalistes qui lui disputent la conduite des affaires, et dans l'impossibilité légale de se représenter, le président Bonaparte exécute un coup d'État le 2 décembre 1851, rétablit le suffrage universel puis, l'année suivante, l'Empire – décidemment une affligeante marotte chez les Bonaparte. Malgré de fortes résistances, dont – je vous le donne en mille – celle de l'ami Hugo, beaucoup d'électeurs répondent quand même « Oui » au plébiscite de celui qui devient Napoléon III, Empereur des Français.

Louise quitte donc l'enseignement public pour fonder à Audeloncourt, toujours en Haute-Marne, une petite école libre, *son* école. Dans la salle à manger d'une maison, une vingtaine de filles et de garçons reçoivent une « coéducation ». Trente ans avant les lois de Jules Ferry, elle rêve d'une école gratuite, laïque et obligatoire. Et mixte car, en pionnière du féminisme, elle compte bien instruire les filles. En formant des citoyens éclairés, elle aspire à « vider les classes et les têtes de nos enfants des crucifix ». Même si le concept est très audacieux pour une femme du Moyen Âge j'observe Christine de Pizan qui semble sincèrement bouleversée par cette idée.

Les élèves évoluent dans des sortes de classes nature. Ils cultivent un jardin, découvrent la vie des plantes, étudient les pierres. La langue n'est pas oubliée et l'on joue des pièces de théâtre et des contes. Rien n'est trop beau pour nourrir ces jeunes esprits, jusqu'aux prémices d'une éducation sexuelle à l'usage des jeunes filles.

— Ah ouais ! Et qu'en disait le Rectorat ?

— Ils ont grondé au début et puis ils ont constaté mes résultats et m'ont fichu la paix. C'était *mon* école.

Ce qui ne calme pas la fougue de l'institutrice qui doit faire face à quelques réprimandes. Par exemple, lorsqu'elle compare Napoléon III au sinistre empereur romain Domitien, mégalomane, tyrannique et paranoïaque. Mais son inspecteur d'Académie, visiblement conciliant, la soutient. A-t-il compris pour autant son véritable dessein ? À savoir éduquer pour transformer la société ? Comme elle l'écrira un jour : « La voilà ma première barricade ; je n'aurai pas d'enfant, mais j'aurai fondé des révolutions. »

Elle publie aussi des ouvrages pour la jeunesse. Des contes et légendes qui rompent avec la tradition et mettent dans la lumière les oubliés, les marginaux. Son expérience personnelle va croiser celle du mouvement libertaire qui s'ingénie à contrer la morale des héros mâles testostéronés afin de donner dans les récits les premiers rôles aux humbles.

Dans cette logique, elle s'installe à Paris en 1856. Emmenant avec elle sa mère et sa farouche volonté de combattre l'Empire.

Après avoir œuvré dans une école de la rue du Château-d'Eau, elle ouvre un externat rue Houdon à Montmartre, en 1865. Elle fréquente le génial Jules Vallès, l'intransigeant mais fanatique Raoul Rigault et le courageux Émile Eudes... la fine fleur des activistes de la gauche républicaine. Sa foi glisse définitivement de la religion à la révolution. Convertie au blanquisme, elle épouse la cause de son inspirateur, aujourd'hui très discuté, Auguste Blanqui, implacable militant du Grand Soir, véritable fondateur de l'extrême gauche française et pensionnaire régulier des geôles du Pouvoir.

La conférence de mon invitée gagne en intensité. Elle nous décrit la misère du Paris ouvrier, comme dans un roman de Zola ou de Dickens. La vie des prolétaires, les journées de douze heures, les familles entassées dans les taudis des faubourgs. Plantant son regard dans celui d'Aliénor et de Christine, Louise raconte ses combats pour l'égalité juridique, sociale, éducative, salariale. Son implication au sein de l'Association démocratique de moralisation qui aide les femmes à vivre par le travail, quand l'extrême précarité les pousse parfois à la prostitution.

J'essaie quand même d'apporter un éclairage un peu contradictoire mais contextuellement nécessaire.

— Chère Louise, le Second Empire fut aussi, dans une certaine mesure, le développement des chemins de fer, des compagnies de navigation, des villes modernisées, et j'ose même, par souci d'objectivité, porteur d'une économie prospère.

— Mais qui a profité essentiellement à qui ? Tu devrais le préciser !

Évidemment mon plaidoyer provocateur ne prend pas, son récit obéit à son engagement passionné. Comme ses camarades du moment, son impatience bout sous le couvercle hermétique de l'ordre impérial. Elle veut augmenter la pression. Et se tient résolument prête à en découdre.

Quoi qu'il en soit, et pour les raisons que je viens d'exposer, le Second Empire, si ferme sur ses appuis et tellement sûr de son bon droit, s'apprêtait même à se décontracter en s'affichant « libéral ». C'était en janvier 1870.

Il ne passera pas l'été.

Une querelle diplomatique entre la France et la Prusse de l'Empereur Guillaume Ier est montée en épingle par le roublard chancelier Bismarck. Alors qu'en France, c'est la pression d'une grande partie de son gouvernement, comme celle de ses opposants de droite et de gauche, plus une certaine presse parisienne, qui pousse Napoléon III vers la guerre. Certes, il est diminué par la maladie et humilié par plusieurs échecs internationaux. Mais il cède aux boutefeux de son entourage et entraîne la France dans un conflit pour lequel elle n'est pas prête. Une guerre de plus pour lui… Ce sera sa dernière.

Le 2 septembre 1870, l'Empereur est fait prisonnier à Sedan et on ne le reverra plus jamais en France. Le 4, l'Empire s'écroule et c'est la République qui contre-attaque. Elle est proclamée par Léon Gambetta depuis l'Hôtel de Ville de Paris. La guerre se poursuit quand même, conduite par le gouvernement de Défense nationale dirigé par le général Louis-Jules Trochu.

La capitale est assiégée impitoyablement par les Prussiens. Les armées levées en province échouent à briser l'encerclement. Louise, très émue, évoque ce terrible hiver de 1870-1871.

— Nous étions affamés et bombardés. Nous avons d'abord mangé chevaux, chiens et chats. Et si les riches ont pu faire rôtir les animaux du Jardin des Plantes, les pauvres sont allés chercher un autre genre de viande dans les égouts…

— Et toi, que faisais-tu alors ?

— D'abord, j'essayais de nourrir les gamins de mon externat.

Quand je pense que, petit, je me plaignais de ma cantoche… Je frémis… Elle monte donc une cantine avec le soutien du nouveau maire du XVIIIe arrondissement, Georges Clemenceau. Au-delà de leurs nombreuses divergences, ce républicain radical, journaliste et médecin des pauvres, devient son ami. L'admiration est réciproque entre le tigre et la louve.

En secourant les miséreux pendant le siège, Louise perçoit de plus en plus la montée de ce « grondement d'en bas ». Elle collabore au *Cri du Peuple*, le journal que son ami Jules Vallès vient de lancer. Rejoint le Comité de Vigilance de Montmartre. Se tient prête. Déjà, le 22 janvier, elle avait fait le coup de feu devant l'Hôtel de Ville, refusant tout armistice qui se profilait et qui entraîne le jour même la démission de Trochu, « le participe passé de trop choir », écrivit Victor Hugo. Car quelques jours auparavant, le 18 janvier 1871, dans la galerie des glaces de Versailles, l'envahisseur finit par célébrer sa victoire.

Il intègre les États allemands dans un nouvel Empire mené à la pointe du casque par Guillaume Ier, et annexe notre Alsace-Lorraine si souvent tiraillée. Depuis la démission de Trochu, le gouvernement de Défense nationale est, depuis le 17 février, mené par son nouveau chef de l'exécutif, Adolphe Thiers. Et même si les hostilités ont cessé depuis le 28 janvier, ce dernier négocie en douce avec la Prusse la répression des Parisiens, en attendant une paix définitive.

Thiers a la confiance de l'Assemblée nationale réfugiée à Versailles. Celle-ci, dominée par les monarchistes, a été élue par une France rurale et conservatrice qui, après cent cinquante mille morts et cinq cent mille blessés, aspire à la paix avec la Prusse. À l'inverse, Paris fait un triomphe aux candidats républicains. La capitale ne capitule pas. Elle a payé l'effort de guerre au prix fort – celui de la faim durant le siège – et elle a récupéré quelque trois cents canons que la population a financés par une souscription.

Thiers décide donc de récupérer ces canons entreposés à Montmartre et Belleville. Il juge préférable de les soustraire à cette ville qui, à son goût, perd trop vite son sang-froid. Au matin du 18 mars, l'armée s'en saisit. Aussitôt alertée, une population furieuse – composée majoritairement de femmes –, monte à l'assaut de la butte Montmartre.

— Et tu étais l'une des premières sur la butte.

— Exactement. Avec le Comité de Vigilance de Montmartre, nous avons donné l'alerte.

À la tête de cette entreprise de déménagement, les généraux Lecomte et Clément-Thomas ordonnent sans vergogne à la soldatesque de tirer sur la foule qui refuse mordicus que l'on démantèle son parc d'artillerie. Résultat : la troupe fraternise avec les civils. On s'embrasse, on boit beaucoup, et l'on célèbre ce moment de concorde républicaine en fusillant… les deux généraux.

Puis le roulement du tambour gronde dans les rues de Paname, et les barricades s'élèvent à son écho. Le petit Thiers, qui pour autant n'est pas la moitié d'un imbécile et qui a connu les révolutions de 1848, n'attend pas de savoir si c'est une simple émeute ou une nouvelle révolution. Il se débine et met illico *son* gouvernement à l'abri à Versailles.

L'autorité officielle évaporée, les ministères désertés, il ne reste en France qu'une seule force capable d'exercer le pouvoir : la Garde nationale. Une milice composée de citoyens, à laquelle le régime versaillais versait déjà des queues de cerises en guise de solde avant de carrément ne leur laisser que les noyaux. Les chefs de bataillon, légitimement écœurés et revanchards, forment alors un gouvernement provisoire et se fédèrent en un Comité central pour et avec le peuple de Paris. Les rues sont constellées de barricades, six cents beaux ouvrages édifiés tantôt selon des savoirs ancestraux et ingénieux tantôt plus empiriques et foutraques.

Dans un premier temps, la nouvelle autorité de fait n'entend pas s'afficher en gouvernement concurrent et cherche à négocier avec Versailles sur une base : la garantie du maintien de la République.

Mais la donne change lorsque, à peine une semaine plus tard, un Conseil de la Commune de quatre-vingt-douze membres est élu le 26 mars par les Parisiens – du moins ceux qui n'ont pas fui l'insurrection. Sort des urnes une écrasante majorité de républicains. Eux-mêmes rapidement divisés entre jacobins nostalgiques de 1793, qui en pincent pour une dictature parisienne de salut public, socialistes blanquistes qui réclament une révolution sociale, ou partisans des libertés communales sans pouvoir central.

De son côté, Louise fait preuve d'un activisme sans faille. On la retrouve au sein du Comité républicain de Vigilance des citoyennes de Montmartre dont elle est élue présidente. Elle fréquente les réunions du club La Patrie en Danger. Infatigable, elle n'arrête pas.

— Allez, raconte à nos amis ces soixante-douze jours de pouvoir insurrectionnel, animés par un formidable espoir de justice.

Louise, sincèrement émue, se lance :

— La Commune porte à sa tête une commission exécutive, gérant autant l'économie et l'enseignement que la sûreté ou les relations extérieures. Les ateliers dont les propriétaires ont fui sont transformés en coopératives ouvrières, le travail de nuit dans les boulangeries est aboli, les indemnités des membres de la Garde nationale rétablies, les ardoises des locataires sont rayées, des cantines municipales nourrissent les démunis.

Chaque invité réagit avec sa propre sensibilité. Théophraste est pour sa part fasciné. Politiquement, le pouvoir parisien annonce la couleur : rouge, comme le nouveau drapeau qu'elle adopte. Et républicaine intransigeante. On sépare l'Église de l'État. Effroi d'Éloi et d'Alcuin. Michel frissonne mais s'intéresse. Le calendrier républicain en vigueur sous la Révolution fait son retour. Sourire de Charles d'Éon. La colonne Vendôme, symbole de l'Empire, surmontée d'une statue de Napoléon Ier, est abattue. Les élus sont révocables à tout moment et leur mandat est impératif.

— Sauf que tu n'étais toi-même pas très concernée puisque ces messieurs ne t'ont pas donné le droit de vote…

— Oui Bruno, c'est exact. La Commune était dirigée exclusivement par des hommes, peu pressés de donner des droits civiques aux femmes. Mais je savais me faire respecter et malgré tout je vais te rappeler ce que nous avons fait pour la condition féminine.

Au tour d'Aliénor et de Christine de retenir leur souffle.

— Extension de l'éducation aux femmes, reconnaissance de l'union libre, du divorce par consentement mutuel, des enfants naturels… Et l'on commence même à aborder la question de l'égalité salariale.

Pourtant, cette utopie généreuse censée éclairer le monde conservateur n'émeut guère au-delà des frontières. Et ce malgré la création de communes, dans les villes de Marseille, Lyon, Narbonne, Saint-Étienne ou Toulouse, mais qui vont disparaître une à une. Et Thiers, « l'infâme vieillard » comme le surnomment les communards, est donc bien décidé à reconquérir Paris. Il reforme l'armée régulière. Et de tentatives de sorties communardes désordonnées en escarmouches, il reprend facilement les forts cernant la capitale. Il est vrai que l'organisation militaire parisienne est précaire, entre une Garde nationale indisciplinée, et souvent trop abreuvée d'interminables débats contradictoires au Conseil de la Commune, et la valse des délégués en charge de la guerre. Le vaisseau parisien (malgré sa devise de 1853) *fluctuat mais risque surtout de mergitur.*

— Et toi, que faisais-tu pendant ce temps ?

— Moi ? La Révolution.

Elle entre en communion totale avec l'insurrection. S'y consacrant de façon quasi sacerdotale.

On la retrouve à l'Union des femmes pour la défense de Paris. Avant les événements, elles étaient domestiques, ouvrières, blanchisseuses, couturières. Les voici infirmières et cantinières avec vingt à trente mille Fédérés en armes, à côté desquels elles font le coup de feu sur les barricades de Clamart, Issy, Neuilly.

Les barricades à Neuilly, c'était donc ça le bon temps des cerises ?

Bref, moi qui apprécie les personnages ambivalents, j'ai devant moi une conférencière éloquente qui discourt sur l'éducation au Club de la Révolution à l'église Saint-Bernard dans le XVIIIe arrondissement, joue les ambulancières dévouées et fait également parler la poudre, sanglée dans l'uniforme du 61e bataillon de la Garde nationale.

— Comme ton ami Clemenceau l'a fait remarquer, tu étais assez douée avec ta carabine Remington pour chasser le pandore, dont le Tigre deviendra pourtant chef de brigade… Tu aimais vraiment cela ?

— Eh bien oui, je vibre au son du canon ! Et tu sais, je l'ai écrit : “J'aime les gueules rouges des canons fumants, les relents d'acier chaud, les effluves de sang. La poudre est à la liberté ce que le cierge est à l'église !"

Louise Michel a conservé son appétence pour le mysticisme, mais désormais il ne s'exprime plus dans la croyance en Dieu mais à travers sa foi révolutionnaire. En plein grabuge, elle trouve par exemple le moyen d'aller jouer de l'orgue dans une église de Neuilly. J'imagine cette *pasionaria* dans une ambiance de western à la Sergio Leone, faisant monter une musique élégiaque au milieu des balles qui sifflent de toutes parts. Même si Clovis et Cavelier de La Salle semblent enfin excités à cette évocation, chez mes autres invités je devine quelques regards inquiétés par la tournure du récit.

Je tente une sortie pour ramener Louise du côté des pacifistes de ma tablée.

— Il semble donc qu'au sein des clubs de la révolution tu aies milité pour la fondation d'écoles professionnelles et d'orphelinats laïques. Et que tu étais très écoutée lorsque tu prenais la parole.

— Absolument. Mais un peu moins quand je me suis proposée pour assassiner Thiers à Versailles. Là, on ne m'a pas laissée finir, pas plus que partir.

Sortie ratée pour moi, mais pas pour elle. Ravie de son effet, elle ajoute, rayonnante :

— Ah ça, Théophile a toujours dit que j'étais une "fanatique de la cause".

Théophile Ferré, son « amant ». Drôle d'aventure entre le délégué à la Sûreté générale du Conseil de la Commune et l'activiste. Une relation vraisemblablement platonique, pourtant vécue intensément par Louise. Sans doute aussi un peu fantasmée, et qui lui permet de projeter sur quelqu'un sa véritable passion : celle de la Révolution.

Arrive le 21 mai, qui marque le commencement de la fin de cette fantastique aventure. Car les Versaillais reçoivent un tuyau en or. Du côté de Saint-Cloud, le délégué à la Guerre, Charles Delescluze, a laissé la porte du Point-du-Jour sans défenseur. Étourderie fatale qui va sonner le glas de la Commune et le début de la Semaine sanglante.

Les Versaillais s'infiltrent rapidement. Leur progression ne s'interrompt que pour fusiller sur-le-champ tous ceux qu'ils suspectent d'avoir pris les armes. Paris les a assez nargués, et l'exécution des généraux déménageurs Lecomte et Clément-Thomas à Montmartre n'est toujours pas digérée.

C'est justement sur la butte que les troupes gouvernementales sont de retour, et l'encerclent dès le 23 mai avec deux corps d'armée. Là-haut, ils sont surpris de ne trouver que quelques détachements de communards et surtout de communardes.

Car l'un de ces flancs-gardes est constitué d'une trentaine de femmes, au milieu desquelles l'inépuisable Louise Michel. Tenant la barricade de la chaussée Clignancourt, elle tombe, inconsciente. Laissée pour morte, elle reprend pourtant connaissance et parvient à échapper au peloton qui attend les survivantes.

Les Versaillais continuent leur implacable reconquête, ponctuée de centaines d'exécutions sommaires. Auxquelles les représentants de la Commune répondent par des menaces de représailles sur leurs propres otages.

C'est Théophile Ferré qui signe l'ordre et cinquante-quatre malheureux, dont l'archevêque de Paris, Monseigneur Darboy, des ecclésiastiques, des gendarmes, le premier président de la Cour d'appel… sont passés par les armes.

Et Paris brûle. Du moins le palais des Tuileries, l'Hôtel de Ville, la Cour des comptes, le Conseil d'État, le palais de la Légion d'honneur, le ministère des Finances, le palais de Justice, tous transformés en braseros géants.

Le soir du 28 mai, les Versaillais ont repris la capitale. Aux vingt ou trente mille combattants abattus, ils ajoutent les derniers prisonniers qu'ils ont faits sur les hauteurs de Belleville. Alignés le long de l'enceinte du cimetière du Père Lachaise, ces cent quarante-sept derniers fusillés sans procès consacrent sous les balles le désormais Mur des Fédérés.

Le Chevalier d'Éon sort l'assistance de son effroi, en adressant un hommage à l'oratrice.

— Vous êtes une femme très courageuse, et je m'y connais. C'est incroyable d'avoir réchappé à ce massacre !

— Merci, camarade. Et pourtant je me suis livrée aux soldats de Thiers, parce que, faute de mettre la main sur moi, les Versaillais avaient arrêté ma mère. Je me suis donc rendue pour la faire libérer.

Enfermée à Satory puis à Versailles, Louise attend son procès. Chassez le naturel… elle occupe ses journées en portant assistance à ses codétenus. La République conservatrice de Thiers considère les communards comme une engeance criminelle et le conseil de guerre prononce des milliers de peines de prison, de travaux forcés et de déportation. Mais aussi quatre-vingt-quinze condamnations à mort, dont vingt-cinq sont exécutées.

Parmi ces exécutions, celle de Théophile Ferré, qu'elle apprend le 13 décembre 1871. Pour lui, elle a intercédé auprès de toutes ses connaissances et même proposé de prendre sa place. Quand Louise s'engage, c'est sans modération. Elle lui écrit beaucoup, passionnément. Il lui répond un peu, tièdement.

— Pardonne-moi cette intrusion dans votre "intimité" mais sa dernière lettre, écrite une heure avant de passer devant le peloton, se termine par ces mots : "Adieu, chère citoyenne, je vous serre fraternellement la main." On fait plus transi comme formule…

Elle acquiesce avec un sourire infiniment triste, sans plus s'étendre sur cette disparition. Je perçois sa grande douleur, choisis de me taire et reviens à son procès.

— Puisque les femmes en étaient écartées, tu n'as pas été considérée comme une dirigeante de la Commune, pourtant tu avais un système de défense assez particulier.

— En effet, Bruno. Contrairement à d'autres, j'ai revendiqué fièrement ma participation à la Commune.

Claironné même. Écoutons-la à la barre :

« Je ne veux pas me défendre ni être défendue. […] Puisqu'il semble que tout cœur qui bat pour la liberté n'a droit qu'à un peu de plomb, j'en réclame une part moi aussi. Si vous me laissez vivre, je ne cesserai de crier vengeance. Si vous n'êtes pas des lâches, tuez-moi. »

La presse conservatrice se déchaîne. *L'Univers* la compare à « une louve assoiffée de sang » dont le « cœur [est] de marbre ». Cependant, sous la diatribe, naît son aura. Victor Hugo, graveur de légendes, lui dédie son poème « Viro major » : « Plus grande qu'un homme ».

« L'âpre attendrissement qui dort sous ta colère,
Ton long regard de haine à tous les inhumains,
Et les pieds des enfants réchauffés dans tes mains [...]. »

Hélas, la cour ne délibère pas sur des alexandrins mais sur ce chef d'accusation : « Port d'armes apparentes et d'uniforme militaire avec usage de ses armes. » Assez pour lui coller une peine de déportation à vie. Dans une enceinte fortifiée de Nouvelle-Calédonie. En août 1873, elle dit adieu aux siens et monte sur la *Virginie*, un vieux rafiot à voiles.

Au cours de quatre mois extraordinairement pénibles passés à bord de cette geôle flottante, elle se lie d'amitié avec des codétenus tel Henri Rochefort, anar virulent qui finira anti-dreyfusard tout aussi violent et également ancien directeur de *La Lanterne* (ancêtre spirituel de *Charlie Hebdo*). Et elle se convertit définitivement à l'anarchisme avec Nathalie Lemel, autre grande figure féministe de la Commune.

Ils débarquent en décembre en Nouvelle-Calédonie, une île que les Français tentent de coloniser depuis 1853, en rameutant aventuriers, bagnards et autres soudards censés incarner la civilisation occidentale.

— À la différence des colons, les Canaques sont traités comme des sauvages à qui on ne reconnaît aucun droit, peste-t-elle.

Dans le périmètre de la presqu'île Ducos, séparée du reste du Caillou par un mur d'enceinte, sur lequel nous reviendrons, elle peut jouir d'une certaine autonomie et s'occuper.

— À secourir tes compagnons, j'imagine ?

— Oui, et c'est d'ailleurs là que j'ai reçu le surnom de "Vierge rouge".

Mais aussi à s'intéresser de près à la nature qui n'a jamais cessé de l'enchanter. Les autorités scientifiques les plus respectables, parmi lesquelles M. de Fleurville, son ancien inspecteur d'Académie devenu président de la société d'Acclimatation, lui envoient des graines, qu'elle plante. Elle dresse un inventaire de la flore pour la Société française de Botanique, et adresse ses observations à l'Institut de Géographie. Elle recueille aussi des animaux comme lorsqu'elle était enfant.

Mais de l'autre côté du mur de ce presque jardin d'Éden, pour les Canaques, c'est en revanche un vrai enfer. Ils en ont assez d'être considérés comme une sous-humanité dont les colons s'accaparent les terres. En mai 1878, cent dix ans, jour pour jour, avant les événements de Nouméa, ils fomentent une grande révolte et leur colère n'épargne aucun de ceux qu'ils croisent.

Comme souvent, la répression est démesurée au regard de l'insurrection – on tue massivement, brûle des villages et déporte des tribus entières. Celle-ci est menée par les Européens auxquels se sont joints des bagnards, parmi lesquels des communards... Ce souvenir assombrit Louise.

— J'étais bien seule, continue-t-elle, à me lever pour défendre les Canaques ! J'ai même écrit à Victor Hugo à ce sujet.

C'est en effet ce qu'elle rapporte dans ses mémoires et qui passera à la postérité. Sa spontanéité déconcertante m'émeut. Mais je me vois obligé de nuancer ce panégyrique. Car, grâce aux travaux rigoureux et objectifs de Xavière Gauthier, pourtant laudatrice de ma Louise, et ceux de Joël Dauphiné, on sait à présent que Louise a souvent réécrit certains événements de son existence, entortillant, peut-être inconsciemment, et par souci de convaincre, les dates et les faits.

On ne peut pas douter une seule seconde de sa prise de conscience de l'épouvantable injustice subie par les Canaques. Mais le fameux grand mur que nul indigène ne pouvait franchir la coupait des événements. Quant aux lettres à Hugo, il s'agissait surtout de lui demander des subsides pour aider les veuves et orphelins européens victimes de la colère… des Canaques…

Ça n'empêche pas Louise, en l'année 1879, de s'engager dans un nouveau combat. Elle qui aurait pu rentrer en métropole, à la faveur d'une amnistie partielle, refuse d'abandonner ses camarades.

Amnistie générale ou rien !

En revanche, elle est autorisée à quitter la presqu'île pour Nouméa, où elle renoue avec sa vocation et fonde une école.

Un établissement qui détonne dans la ville coloniale de Nouméa, puisque Louise nous raconte avoir été la première à accueillir de jeunes Canaques dans sa classe.

En leur apprenant le français, elle se passionne pour la langue de ces premiers habitants avec lesquels elle sympathise, évidemment.

L'amnistie générale, pour lequel le duo chic et choc Hugo-Clemenceau s'est tant battu, est votée en juillet 1880. Le 9 novembre, une foule acclame Louise Michel qui débarque à Dieppe, puis à sa descente du train à Saint-Lazare. La réprouvée est devenue une célébrité et le porte-drapeau du mouvement anarchiste. Un drapeau qu'elle veut à présent noir, car le rouge porte « le deuil de nos morts et de nos illusions ». Une noble intention qui inspirera plus tard une sympathique mais moins vénérable chanson. En rouge et noir.

Attention, Louise n'est pas revenue en métropole pour faire profil bas, mais pour se déployer.

Et quand ses détracteurs lui font une réputation de pétroleuse – ces femmes accusées d'avoir provoqué les incendies ravageurs de la Commune –, ses partisans se pressent pour l'écouter discourir sur l'émancipation des travailleurs et des travailleuses.

— En effet, chère Arlette… pardon, chère Louise. Dans tes réunions publiques tu t'adresses directement aux femmes et tu ne fais pas dans la minauderie.

— Tu veux dire quand je clame qu'"esclave est le prolétaire, esclave entre tous est la femme du prolétaire" ?

— Par exemple. Ou bien quand tu décris le mariage comme de la prostitution déguisée. Au temps du patriarcat érigé en totem grâce au code Napoléon dans la plupart des foyers, c'est puissant.

En fait, elle réclame naturellement que la moitié de l'humanité retrouve sa légitime place dans la société.

Sur le front social, sa lutte continue. Le 9 mars 1883, à l'initiative du syndicat des menuisiers, direction l'esplanade des Invalides. Elle prend la tête du cortège avec son désormais fameux drapeau noir, pour défendre les sans-travail affamés. Les esprits s'échauffent et quelques boulangeries font les frais de la castagne. Elle écope de six ans de prison pour « excitation au pillage ». Ça fait cher le pain.

Mais dès 1886, elle est libérée pour veiller les derniers instants de sa mère très malade.

— Une décision heureuse, que tu dois à ton ami Clemenceau.

— Une grâce présidentielle, j'étais furieuse ! Je n'avais que faire de leur pitié !

Une défiance qui n'est pas que verbale. Elle reprend son activisme aussi vital que routinier, et se trouve de nouveau incarcérée quelques mois.

L'intensité de son engagement donne le vertige. On croirait le récit d'une révolutionnaire dans la fougue de sa jeunesse. Il passe par l'écriture des petites affiches de Nouméa, avec lesquelles elle fait découvrir les mythes canaques… revisités, il est vrai, un peu à sa sauce. Des romans populaires, des feuilletons, des poèmes, où s'expriment son obsession pour la mort et… pour les loups. Et enfin par ses innombrables conférences et prises de parole.

Mais sa célébrité n'est pas sans danger. Après un discours prononcé au Havre en janvier 1888, elle survit aux deux balles de pistolet – dont l'une demeurera dans son crâne – qu'un ouvrier « chouan » tire sur elle.

Outré, je bondis.

— J'espère que ce salopard a pris cher ?

— Bruno, tu me vois rentrer dans un commissariat déposer plainte ? J'ai même obtenu l'acquittement de ce pauvre hère lors de son procès.

La police, cette ingrate, n'a pas eu la même mansuétude à son égard.

Après sa participation à des réunions publiques organisées en avril 1890 et qui ont tourné à l'émeute, les gendarmes lui font à nouveau des misères en Isère et viennent à Vienne pour l'arrêter.

Elle est incarcérée et, une fois encore, refuse de sortir de prison tant que ses camarades sont détenus : une manie. On menace de l'interner en hôpital psychiatrique. Mais le pouvoir en place, craignant sa notoriété aussi tapageuse qu'iconique, décide de la libérer.

Alors elle voyage. Toujours plus. Passe plusieurs années à Londres, où elle s'occupe d'une école libertaire, promène son austère silhouette en Belgique, en Hollande, en Algérie. Prêchant la révolution universelle et défendant les poseurs de bombes anars devant des salles conquises. De nombreux parents font de celle qui veut « tout faire sauter » la marraine de leurs enfants. Une vraie influenceuse, quoi…

Entre deux déplacements, elle réside dans une modeste maison de Levallois, où un perroquet salue le visiteur d'un « bonjour citoyen ! ».

Finalement, le rythme effréné de ses conférences a raison de ses forces. À son retour d'Algérie, le 9 janvier 1905, Louise – « une chrétienne des premiers jours », comme la nommait Clemenceau, autre laïcard patenté – s'éteint à Marseille. Le 22 janvier, ses funérailles emmènent cent vingt mille personnes jusqu'au cimetière de Levallois.

L'enfant naturelle qui ne trouvait guère sa place est devenue une figure.

À défaut de mourir en martyre comme l'insurgée en rêvait, la féministe aura gravé son souvenir dans une station de métro – la seule honorant une femme avant des lustres.

Elle eut l'engagement politique pour compagnon et des centaines d'élèves pour enfants. L'amie des bêtes a vécu en louve protectrice, qui monte la garde, lèche les blessures et montre les crocs.

Et l'écriture de vingt-deux ouvrages a accompli les rêves de la petite bâtarde du château de Vroncourt-la-Côte, transfigurée en une déroutante et brûlante « artiste en révolution ».

Georges Mandel
(1885 – 1944)

Georges Mandel, l'homme qui en savait trop

Nous sommes quasi au complet, ce dîner approche de son épilogue. Une seule chaise demeure vide. Et je ne parle pas de celle de Charles-Geneviève qui, pour s'amuser de nous et cultiver son ambivalence, joue tantôt l'homme invisible, tantôt les filles de l'air.

Non, celui que j'évoque, et espère, a eu l'habitude de se faire attendre et dans des périodes autrement plus essentielles et tragiques que ce repas imaginaire.

J'ai eu, moi aussi, avec lui, un rendez-vous manqué. Il était question, il n'y a pas si longtemps, que je l'incarne. Et les tribulations de ce métier m'ont fait louper cette rencontre pour des raisons qu'il serait déplacé d'exposer ici. On y percevrait mon amertume teintée de mauvaise foi quant aux vicissitudes de cette profession qui ne cesse de passer à côté de mon talent. Je préfère donc me concentrer sur cette dernière chance de tête-à-tête qui s'offre enfin ce soir. Mais viendra-t-il ? Comme l'a écrit son biographe, Jean-Noël Jeanneney, il demeure *cet homme qu'on attendait*.

Enfin, un discret coup de sonnette me soulage. Apparaît une frêle silhouette engoncée dans un complet noir, assorti d'un faux-col amidonné et d'une large cravate noire. L'ensemble surmonté d'un chapeau melon. L'absence de bottes de cuir au profit de chaussures sombres parfaitement cirées souligne le sérieux du bonhomme. Pour autant, une certaine fantaisie semble poindre quand j'aperçois qu'il tient dans le creux de son bras un imposant buste en métal que j'identifie mal. Serait-ce le César du meilleur rôle non joué qu'il tient à me remettre avec ironie ?

— Georges, puis-je te débarrasser ?

— Avec plaisir, Bruno, voici.

Je m'apprête à le décharger, mais c'est son couvre-chef qu'il me confie, découvrant des cheveux noirs plaqués de chaque côté d'une raie stricte. Je l'invite à s'asseoir à la droite de Louise Michel. Et le présente à mes autres convives.

— Chers amis, monsieur Georges Mandel…

— Mais c'est Georges ! s'exclame Louise Michel.

— Tout à fait, chère amie, comme je viens de le dire…

— Non pas lui… Lui ! me dit-elle.

— C'est-à-dire, chère Louise ?

— Celui-là, sur la table !

— Ah, d'accord.

En effet, l'autre Georges, donc, vient de déposer sa statuette sur ma table et la moustache qu'elle arbore ne laisse aucun doute sur son modèle : c'est bien Georges Clemenceau, la vieille connaissance de Louise, qui s'apprête aussi sec à s'en saisir. Mais Mandel s'y agrippe aussitôt et, de manière un rien enfantine, lui dit :

— Si tu n'y vois pas d'inconvénient, chère Louise, sans vouloir t'offenser, je préfère le garder par-devers moi.

Louise maugrée pour le principe, mais s'incline face à cette manifestation de tendresse aussi spontanée que sincère. Et historiquement véridique.

Je fais ici une petite digression temporelle, même si nous y reviendrons plus loin. Quand Mandel a embarqué sur le paquebot *Massilia* en juin 1940 pour rejoindre Alger, avec vingt-six parlementaires français opposés à Pétain, il a emporté avec lui le buste de son mentor.

« Il n'a pas voulu le quitter de tout le voyage, malgré mon insistance et celle de Jean Zay pour le lui faire lâcher. Il dit et répète que le vieux Georges l'inspire et le rassure. »

Cette phrase est une des répliques de Pierre Mendès-France, que j'ai eu l'honneur de jouer dans un film retraçant son engagement de résistant pour la télévision il y a quelques années, tout ça pour dire ma versatilité vis-à-vis de ce métier qui sait ne pas être qu'ingrat avec ses plus dévoués serviteurs.

À présent que le mystère est résolu autour de cette statuette, je procède à un rapide petit tour de table pour mieux présenter à mes compagnons le nouveau venu, qui ne se contente pas de saluer poliment. Voilà que Georges adresse des compliments personnels à toutes et tous, déroulant précisément les titres et qualités de chacun, rappelant hauts faits et anecdotes. Déjà rencardé sur tout le monde, il contrôle la situation et fait montre d'une formidable mémoire.

J'abrège ces présentations, qui tournent à un rapport des Renseignements généraux, en lui rappelant qu'il est venu pour nous parler de lui. Sans nous embrouiller, si possible.

— Alors, Louis Rothschild naît le 5 juin 1885 à Chatou.

Et c'est parti !

— Pardon, je ne sais pas qui est ce monsieur, mais je t'en conjure, parle-nous de toi et seulement de toi.

— Mais... c'est moi.

C'est lui. Son père, tailleur dans le Sentier à Paris, s'appelle Edmond Rothschild, patronyme que porteront ses deux frères cadets. Lui décide à l'adolescence de porter celui de sa mère : Mandel. L'affaire Dreyfus est passée par là. Ses origines – celles d'une famille juive alsacienne qui a fui l'annexion allemande de 1871 – lui paraissent un fardeau présent et à venir.

Adieu, donc, l'homonyme des célèbres banquiers, place à Georges (son deuxième prénom) Mandel, un élève brillant du lycée Condorcet à Paris. Pourtant, il ne poursuivra pas ses études, impatient de se frotter immédiatement au journalisme. Une carrière qu'il entrevoit comme un marchepied pour assouvir une passion brûlante : la politique.

L'adolescent pressé entre en 1902 au *Siècle*, prestigieux quotidien. À 17 ans, ce surdoué rédige son premier article, une charge violente contre les ultraconservatrices congrégations religieuses, auxquelles la République dispute âprement l'ascendant sur l'enseignement.

Dès 1903, Mandel fait la rencontre de sa vie : Georges Clemenceau, directeur de *L'Aurore*, l'embauche.

— Encore un cran au-dessus dans le prestige : le journal du *J'Accuse* de Zola à 18 piges… Ça claque !

Georges, toujours aussi impressionné des années plus tard, se contente d'acquiescer humblement.

Clemenceau est déjà un phénomène à son époque. Dreyfusard convaincu, adversaire du colonialisme, partisan du progrès social et anticlérical féroce. Mais aussi patron exigeant, souvent coléreux, et dont les savons moussent encore dans la mémoire de Georges : « Mandel, vous ne saurez jamais écrire. Contentez-vous d'un sujet, d'un verbe et d'un complément direct. Quand vous aurez besoin d'un complément indirect, venez me voir […]. »

Je vois Louise se fendre la poire à l'évocation du vieux grigou.

Commence alors pour Mandel une longue marche prudente et circonspecte pour approcher et intégrer le premier cercle de l'ancien maire de Montmartre, devenu sénateur du Var. Le parlementaire aux formules ravageuses, qui garnissent les dictionnaires de citations, est un flingueur sans pitié, surnommé par ses collègues le « tombeur de ministères », entre autres qualificatifs radicaux.

Le jeune Georges, lui, affine son style et met tout son cœur à l'ouvrage. Le vieux Georges souligne ses efforts, à sa manière : « Il n'a pas d'idées, mais il les défendrait jusqu'à la mort. »

— Tu dis quoi de ça ?

— J'étais passionné et un peu brouillon, ma foi, il n'avait pas fondamentalement tort. Et puis l'important, c'est que très vite tout s'accélère, et je suis dans la place ! Parce que le 16 mars 1906, Clemenceau est nommé ministre de l'Intérieur puis, dans le même élan, en octobre, il prend la tête du gouvernement. Pendant trois ans, il pacifie, non sans mal, la séparation de l'Église et de l'État commencée en 1905, il institue le ministère du Travail, fonde les Habitations à Bon Marché – ancêtres des HLM – mais il échoue, il est vrai, à la création d'un impôt sur le revenu et dans sa tentative d'abolir la peine de mort. Quelle énergie tout de même !

— Oui, tout cela est très progressiste, mais n'oublie pas d'ajouter qu'il a enrichi son arsenal d'épithètes avec celui, un brin plus réactionnaire, de "briseur de grèves" ce qui t'a valu, à toi, l'animosité de la gauche socialiste et des syndicats.

Mandel acquiesce, toujours stoïque, pour l'instant plus homme de devoir que de réelles convictions. L'important pour ce jeune ambitieux, c'est de se livrer à sa première expérience du pouvoir. Nommé au cabinet de Clemenceau, sa prodigieuse mémoire lui permet de produire des comptes rendus d'une précieuse exactitude, car l'attaché patrouille dans les couloirs du palais Bourbon, les oreilles dressées. Alors forcément, très vite, sous le pelage du chien de garde pousse déjà la fourrure du jeune loup et la fringale qui va avec. Georges guette maintenant la première occasion de se faire les crocs.

Lors des législatives de 1910, il se présente dans la petite banlieue ouvrière de Levallois.

— J'ai fait moins de 10 % et je suis arrivé bon dernier, concède-t-il, tout en flegme.

— Ça n'a pas l'air de t'affecter plus que ça, dis-moi.

— Bah, je n'étais pas éligible, il me manquait un gros mois pour atteindre les 25 ans requis pour solliciter les suffrages.

— Mais pourquoi, alors ?...

— Pour voir.

— Ah, d'accord !

Passé ce tour de chauffe, « pour voir » donc, il retrouve le journalisme, avec lequel Clemenceau a renoué depuis la chute de son gouvernement en juillet 1909.

L'ancien président du Conseil confie à Mandel les rênes de son nouveau canard, *Le Journal du Var*, puis celles de *L'Homme libre*. Côté cour, le jeune homme écrit sur la politique étrangère en s'alarmant notamment du nationalisme allemand qu'il sent à nouveau très vivace et qui l'inquiète précocement. Côté jardin, toujours disponible, bientôt indispensable, c'est lui qui présente au presque septuagénaire les jeunes pousses de la génération élue en 1910, dont un certain Pierre Laval... On a beau être visionnaire, on ne peut pas tout prévoir. Il prend de l'assurance et s'autorise, à travers ses articles, quelques dégagements sur la politique intérieure qui lui valent parfois derechef les savonnages du patron.

Malgré ces brimades, il ne manque pas de relayer les positions clemencistes. À commencer par l'obsession de la défense nationale, dans une Europe qui, en 1913, n'est plus qu'un baril de poudre. Il aborde aussi avec la même fièvre le débat autour du scrutin à la proportionnelle. Mandel défend le scrutin majoritaire à deux tours, gage selon lui de majorités plus nettes et de stabilité gouvernementale – tellement rare sous la IIIe République.

— Scrutin auquel tu te frottes une nouvelle fois aux législatives de 1914.

— Oui, dans les Basses-Alpes…

Basse ou pas, la chute est à nouveau brutale. Au moins, ses déboires font-ils ricaner ce vieux tigre de Clemenceau qui, en rusé renard, n'est pas pressé de voir son jeune loup siéger dans l'hémicycle.

À l'été 1914, alors qu'on vient en France d'assassiner Jean Jaurès, un effet domino pousse la plupart des nations européennes, imbriquées dans un complexe jeu d'alliances, à se déclarer la guerre. Ce futur suicide collectif implique bientôt l'empire ottoman, le Japon, puis, un rien plus tard, les États-Unis. La France, elle, parmi les premières, décrète la mobilisation générale le 3 août 1914. Mandel, jugé physiquement inapte au combat car trop fluet, est réformé. Pas d'uniforme bleu horizon pour lui, ni de position à tenir, terré comme un rat sous le feu ennemi. Il mènera sa guerre dans des tranchées d'un autre genre.

Le journaliste prépare le retour aux affaires de Clemenceau, en appuyant et en nourrissant ses nombreuses interventions au Sénat. Et même si *L'Homme libre*, ne l'étant plus tout à fait à cause de la censure, s'est rebaptisé *L'Homme enchaîné*, le canard harcèle le gouvernement quant à la conduite de la guerre. La stratégie, le commandement, l'intendance : à juste titre, rien ne trouve grâce sous la sulfateuse du vieux Georges, à l'exception du courage des Poilus.

Fin 1917, la révolution bolchevique annonce le retrait des Russes de la boucherie, soulageant malheureusement l'ennemi allemand sur le front Est. Les Américains, eux, s'ils sont officiellement entrés en guerre le 6 avril, ont encore deux ou trois préparatifs à réaliser avant de constituer quelque chose qui ressemblerait à une véritable armée. C'est l'« année terrible » avec l'offensive catastrophique du Chemin des Dames – les mutineries réprimées par une hiérarchie militaire implacable et criminelle envers ses hommes – et enfin la chute du gouvernement de l'honnête mais trop influençable Paul Painlevé. La France a donc grand besoin d'un fauve si elle ne veut pas se faire à nouveau dépecer. Le 17 novembre, le président de la République, Raymond Poincaré, consent à appeler à la tête du gouvernement son vieil ennemi : le Tigre.

À Matignon, c'est Mandel, nommé chef du cabinet civil, qui défait les cartons. Clemenceau, engagé dans une guerre « totale », se décharge de toutes les contingences intérieures sur son collaborateur. Alors le bouillonnant Georges présélectionne les ministres, se mêle de tout, garde un œil sur le Parlement, un autre sur les préfets, et surtout une main sur les ciseaux pour découper les articles de presse qui lui déplaisent.

— Pour un journaliste qui a subi la censure, c'est du joli.

— C'était la guerre, Bruno. Je ne pouvais pas laisser le moindre espace aux défaitistes.

À chacun ses excuses camouflées sous l'argument de la raison, me dis-je. Je croise le regard complice et conciliant de Théophraste Renaudot, lui-même thuriféraire du cardinal Richelieu.

En tout cas, le loup traque ses proies : il compile des montagnes d'informations, un poil zélé et démago, il fait traduire l'ancien ministre, Joseph Caillaux, devant la Haute-Cour et instruit contre Aristide Briand, tous deux un peu hâtivement soupçonnés de vouloir composer avec l'ennemi. Bref, il pourchasse et intrigue tellement qu'il récolte le grain empoisonné de l'inimitié, assorti d'un surnom : Machiavel. Souvent, il endosse les manœuvres les moins avouables du chef. Ce dernier résume d'ailleurs la situation avec son éloquence de futur académicien : « Il est bien ce petit Mandel, il me rend service. C'est bien pratique, quand je pète c'est lui qui pue. »

Je n'ose lui dire qu'il reçoit, en l'occurrence, l'hommage qu'il mérite.

Pour conclure, il était temps que la Première Guerre mondiale s'achevât sur la victoire des Alliés. À partir du 11 novembre 1918, le « Père-la-Victoire » négocie une paix qui impute la responsabilité totale du conflit à l'Allemagne vaincue.

— Toi qui avais tant de responsabilités, je n'ose imaginer ta charge de travail au moment de négocier le traité de Versailles, qui a redessiné l'Europe et exigé des réparations colossales de l'Allemagne et…

— Pas du tout, me coupe-t-il, j'étais très occupé par les législatives de novembre 1919…

Rien à dire, sa constance ne cesse de m'épater. Car ce coup-ci, sa troisième tentative l'emmène en Gironde. Où il n'a strictement aucune attache. Qu'importe. Il jouit de l'immense popularité du président du Conseil victorieux, en montant une candidature d'« Union républicaine clemenciste ». Cependant, à son grand dam, un complexe mode de scrutin à la proportionnelle a été adopté. Mandel présente donc une liste fourre-tout allant des progressistes aux conservateurs.

— Pour quelqu'un qui combattait la proportionnelle, chapeau.

— Disons que j'ai fait une campagne efficace.

Toujours cette constance…

Raflant tous les sièges, les colistiers rejoignent les bancs d'une « chambre bleu horizon », à l'allure d'un congrès d'anciens combattants, dans une France que la victoire a rendue très patriote, voire chauvine. D'aucuns diront que « c'est de bonne guerre » après quatre ans d'horreur absolue.

Revenons à mon invité, pétri de paradoxes. Menant une campagne méthodique, ce désormais professionnel de la politique quadrille son département dans tous ses arpents. Mais toujours aussi exalté, le jeune homme peine parfois à retenir certaines impulsions : en affabulant par exemple sur la mort de ses deux frères au champ d'honneur.

Dans sa psyché, ce genre de travestissement est censé habiller et soutenir ses idées pour mieux convaincre ses partenaires et fermer le clapet de ses adversaires. Mais aussi pour évacuer, comme il le peut, les attaques antisémites qui ne le lâcheront jamais. Quelques jours après la députation, il gagne son canton. Puis la mairie de Soulac, dans le Médoc. Et dans la foulée, la présidence du Conseil général de la Gironde. Après dix années à piétiner à la porte de la Chambre, voici qu'il se taille une baronnie en à peine trois mois. Constance...

L'ancien journaliste, après avoir fait campagne en enfilant quelques perles sur les excès de l'étatisme, le péril bolchevique et la poursuite de l'œuvre du grand homme Clemenceau – décidément du Renaudot pur jus qui, d'ailleurs, se délecte de cet exposé –, le nouvel élu perd hélas assez rapidement sa figure tutélaire. Candidat à la présidence de la République sans l'avoir vraiment souhaité, le vieux Tigre aux griffes émoussées est battu en janvier 1920 par une coalition de catholiques et de rancuniers, qui lui présente l'addition de cinquante années de vacheries parlementaires.

À 80 ans, l'ancien président du Conseil quitte la vie politique. Du coup, le député girondin, siégeant parmi les non-inscrits, manque cruellement de relais, et les humiliés d'hier, aujourd'hui aux manettes, lui font payer à son tour ses vexations. Un isolement dont il ne sortira jamais vraiment.

Cependant, il s'accroche au poste et il y progresse. D'abord pompeux et grandiloquent, il devient un orateur brillant, grimpant à la tribune pour morigéner les gouvernements Briand et Poincaré, coupables à ses yeux d'adoucir le traité de Versailles au profit de l'ennemi d'hier. Mandel veut que l'Allemagne paye et qu'on l'empêche une bonne fois pour toutes d'enfoncer nos frontières.

Et son engagement national commence à chauffer les Girondins, qui lui reprochent d'avoir de grandes idées politiques et un très petit sens du terroir. Pourquoi ne se contente-t-il pas de distribuer prébendes et belles paroles aux comices agricoles, comme tout bon notable de la IIIe ?

— Quelle déception pour toi, j'imagine ! Seulement un an après l'avoir conquise, tu perds la présidence du Conseil général. Comment as-tu plaidé ta cause ?

— Je leur ai dit : “Si par être Girondin vous entendez pratiquer un opportunisme commode, donner des gages à tous, se borner à porter des toasts et à participer à des banquets, alors, certes, je ne le suis pas !”

— C'est sûr, on a connu meilleure façon de se rabibocher.

Aux législatives de 1924, le Cartel des Gauches l'emporte. Notre député, toujours Girondin malgré tout, s'est fâché avec la gauche laïque et la droite poincariste. Après une campagne violente, ponctuée comme il se doit de lamentables attaques antisémites, il est balayé.

Cela pourrait être le clap de fin. Au contraire, c'est l'avènement d'un nouveau Mandel. La constance, toujours…

Encore maire et conseiller général, il se démultiplie dans tout le Médoc, ici répare une route, là obtient une subvention… le tout avec une foi sincère. Oublié le député qui jette ses vérités acides, place à l'élu local, affable et disponible, qui, en digne prédécesseur de Chirac, règle des histoires à la Clochemerle et tâte le cul des vaches.

— Et la grande politique, c'est terminé ?

— Penses-tu ! Je suis revenu au journalisme pour écrire de longs articles sur les grands enjeux du moment, entre deux réunions du Conseil et un arrêté municipal.

Opposé à la politique de conciliation d'Aristide Briand, qui vise, avec les accords de Locarno d'octobre 1925, à pacifier le vieux continent et à réintroduire l'Allemagne dans le concert européen, il ne lâche rien sur le non-versement des réparations. Mais surtout, il pointe les entorses de la jeune République de Weimar au traité de Versailles et clame – avec raison – qu'elle réarme en catimini. Il a deviné, avant beaucoup d'autres, le sournois dessein des tartuffes teutons.

Outre ses alertes sur la question allemande, il appelle aussi à désétatiser l'économie, à embaucher moins de fonctionnaires mais à les payer mieux, à doter la France d'une industrie performante… Et, bien entendu, à en finir avec la proportionnelle honnie. Constance, encore… Enfin, aux élections de 1928, après une campagne vigoureuse au cours de laquelle il retrouve ses solides réflexes politiciens en se réclamant fort opportunément de Poincaré, ancien adversaire de Clemenceau, il retrouve de justesse la députation.

De retour dans une assemblée dominée par les modérés, il redevient sans se forcer ce député aux saillies redoutées, travailleur acharné et inquisiteur pointu dans les commissions d'enquête. Faisant résonner l'hémicycle de ses imprécations contre la gestion de la dette de guerre allemande, il reste toutefois l'éternel biffé des listes de ministrables. Trop de rivaux à droite, trop d'opposants à gauche. En revanche, entre 1928 et 1932, il est systématiquement réélu en tant qu'indépendant.

— Ah oui, la fameuse étiquette encore très usitée aujourd'hui qui rend plus confortable l'isolement de certains députés.

— C'est un point de vue.

— En effet.

En 1932, les conséquences du krach boursier américain de 1929 rattrapent violemment la France. Pendant qu'outre-Rhin, de sinistres nuages apparaissent, que le député de la Gironde est l'un des rares à interpréter.

Le 9 novembre 1933, il prononce un discours ardent et probant sur la montée du danger hitlérien, en s'appuyant sur la hausse constante des effectifs militaires et des avions allemands.

— Ton texte est même publié. Pourtant la France n'entame toujours pas son réarmement, loin de là. Ça paraît fou.

— Il suffisait pourtant de se documenter, de lire *Mein Kampf* comme je l'ai fait ! La réalité du péril nazi était écrite en lettres de haine sous nos yeux…, se lamente-t-il.

Hélas, la majeure partie du personnel politique n'avait que faire, à cette période, du revanchisme germain. La IIIe République est rendue sourde et aveugle par l'édification de coalitions nouvelles et précaires ayant pour seul but de faire dégringoler les gouvernements successifs.

Dans un pays déjà en proie au chômage et à la déflation, ne manquait plus qu'une crise de régime. Un escroc russe et flambeur, acoquiné avec une partie de la classe politique la plus cupide, va s'en charger. L'affaire Stavisky éclate le 6 février 1934, les ligues d'extrême-droite et les puissantes associations d'anciens combattants battent le pavé parisien et dénoncent la corruption des élites juives, franc-maçonnes et du péril bolchévique, de la gauche et du régime parlementaire, dans un salmigondis qui, comme à l'accoutumée, rajoute sa sauce au goût du scandale. La manifestation vire à l'émeute sanglante, emportant avec elle le cabinet Daladier. Le président de la République, Albert Lebrun, tire alors de sa retraite le vieux Gaston Doumergue pour former le gouvernement.

Ce dernier échafaude une ambitieuse réforme de l'État. Il s'agit de faciliter la dissolution de la chambre des députés pour sortir des impasses politiques et d'ouvrir la possibilité de gouverner par décrets-lois…

— En digne ex-collaborateur du Tigre, affermir le pouvoir exécutif, voilà qui a dû te plaire.

— Non, j'ai fait capoter l'affaire, me répond-il, placide.

Encore le paradoxe Mandel. Le très autoritaire chef de cabinet d'un président du conseil dirigiste reste empêtré dans un conservatisme prudent et répugne à réviser les fondamentaux de la pourtant titubante IIIe République.

Doumergue et son projet audacieux s'effacent donc devant un gouvernement dirigé par Pierre-Étienne Flandin, futur petit flagorneur de Hitler. Mauvaise pioche, mais qui permet à Mandel d'obtenir enfin un portefeuille et de prouver sa valeur. Ce sera celui des Postes, Télégraphes et Téléphones, « Machiavel est devenu facteur », persifle Léon Daudet, antisémite notoire comme son père Alphonse.

— Dis-moi Georges, c'était un emploi d'ingénieur ton ministère ? La poste d'accord, mais le télégraphe, le téléphone et la radio, tu touchais un peu ta bille en technique ?

— Je n'y connaissais absolument rien, mais tu le sais, j'apprends vite. Et puis, avant de parler technique, il fallait surtout parler concret.

Quand il débarque dans ce ministère, il constate un laisser-aller total et surtout du côté de son administration qui a pris ses aises. Il va donc leur causer dans le poste, et le réveil sera brutal. Il révoque et secoue avec rudesse les (ir)responsables, et il modernise le service en plaçant la satisfaction des usagers au-dessus de tout.

Au prix de gros travaux, la radio se développe. Il encourage et publie les réclamations des auditeurs, et leur répond même parfois personnellement, notamment à une certaine Béatrice Bretty, jeune vedette et sociétaire de la Comédie française. Affaire à suivre…

Se mêlant des programmes, le ministre met fin aux publicités niaiseuses, préférant ouvrir les ondes aux orateurs politiques de toutes tendances. Ça, c'est le Mandel que j'aime.

— Et de plus, mon cher Georges, tu diffuses des grands classiques du théâtre avec tes nouveaux amis de la Comédie française.

L'innovation ne s'arrête pas là. En homme de radio, il tend l'oreille aux requêtes passionnées du génial ingénieur René Barthélemy, qui assure depuis des années à différents ministres indifférents que ses radio-bidouillages ont de l'avenir. Mandel, le premier, comprend la portée révolutionnaire de ses idées et fait installer une antenne au sommet de la Tour Eiffel. Il inaugure avec René Barthélemy un dispositif expérimental.

— Et comment s'appelle ce nouveau gadget ?

— La télévision.

Le choc !... Georges est donc l'ancêtre de tous mes futurs employeurs.

La première émission est diffusée sur quelques récepteurs, le 26 avril 1935. Un programme abordant l'opéra, la danse, le théâtre, et animé, non pas par Michel Drucker..., mais par une certaine Béatrice Bretty, tiens, tiens, affaire toujours à suivre...

La réussite de l'énergique ministre des PTT lui permet de rester aux commandes sous quatre gouvernements successifs. Et ce, malgré des divergences d'importance sur la politique internationale.

— Parlons-en, Georges. En janvier 1936, tu intrigues pour renverser le gouvernement, auquel tu appartiens, d'un type qui a bien percé depuis que tu l'as présenté au vieux Georges ! L'infâme Laval !

— Et je ne le regrette pas. J'ai agi en conformité avec mes convictions.

Mandel ici montre sa nature profonde car, s'il a composé parfois avec ses convictions, c'était toujours dans le but de rester cohérent avec ses engagements républicains et humanistes.

En 1935, c'est sur son intervention que la France avait fait condamner l'Allemagne par la Société des Nations à cause de la réintroduction du service militaire par Hitler, en violation du traité de Versailles. Cette fois, il ne supporte pas que Laval laisse l'Italie fasciste envahir l'Éthiopie sans réclamer de sanctions. C'est la rupture définitive entre les deux hommes.

L'entorse suivante a lieu dès mars 1936. Pendant que les démocraties occidentales regardent les mouches voler, Hitler remilitarise la Rhénanie, piétinant une nouvelle fois les traités.

— Pourquoi, alors, ne démissionnes-tu pas du gouvernement inerte d'Albert Sarraut ?... J'ai souvent du mal à te suivre !

— Où étais-je le plus utile ? Parfois il vaut mieux tenter d'avoir prise sur le cours des choses depuis l'intérieur.

Je ne suis pas totalement convaincu : c'est parce qu'il n'a pas su fédérer à l'intérieur, comme il dit, qu'il n'a maintenant guère d'influence à l'extérieur.

Deux mois plus tard, la victoire du Front populaire le rend de toute façon à sa vie de député. Une fois encore, il est quand même confortablement réélu, et siège dans l'opposition. Où il ne goûte pas trop les réformes sociales de la coalition des partis de gauche qui portent Léon Blum à la présidence du Conseil.

— Je ne voyais pas d'un bon œil la réduction du temps de travail de quarante-huit à quarante heures hebdomadaires. Cela risquait de nuire à l'industrie de l'armement.

— Et pourtant, c'est Léon Blum qui va lancer le réarmement...

Et tandis que le Front populaire crée les premiers congés payés, l'austère Georges découvre enfin les loisirs. Il prend goût aux voyages et à l'art avec... La voilà donc cette petite affaire... Avec la fameuse Béatrice Bretty, sa vedette du petit écran, sa BB à lui, et donc sa compagne. Ce qui ne l'empêche pas de reconnaître dans la foulée, en 1937, la jeune Claude, née sept ans plus tôt, d'une liaison avec une certaine Henriette Labout, dont nous ne savons pas suffisamment de choses pour perturber aujourd'hui sa discrétion.

Passée cette récréation méritée, Georges retourne au combat. En l'occurrence, il réclame une alliance militaire avec l'URSS et demande le soutien de la France pour les républicains espagnols engagés contre Franco. Ce qui, pour un homme classé à droite, ne manque ni de courage ni de panache, mais c'est définitivement ce qui force mon admiration pour cet homme.

Après le triste échec du Front populaire, il est rappelé au gouvernement par Daladier en avril 1938, et il prend la tête du ministère des Colonies. Il y retrouve son ardeur réformatrice. De la Guyane à l'Extrême-Orient en passant par l'Afrique, l'Empire colonial couvre des immensités consciencieusement exploitées par la France, mais pas d'un point de vue stratégique. Il veut donc développer ce potentiel militaire en vue d'un conflit qui lui semble inéluctable.

Il les prépare à l'effort de guerre, accélère la création d'une armée coloniale, favorise les liaisons avec l'allié britannique. Jetant un coup d'œil au buste de Clemenceau, il ajoute qu'en disciple de cet anticolonialiste, il a fait proclamer, malgré moult résistances réactionnaires, l'absence de hiérarchie entre les « races », et a agi autant que faire se peut pour les autochtones. Des assemblées locales sont reconnues, ainsi que des perspectives d'intégration aux « indigènes », qui pourront notamment devenir officiers dans l'armée française.

Malgré cet activisme, le ministre fait le constat d'un pays « malade de vieillissement bourgeois », et la conférence de Munich en septembre 1938 n'arrange en rien son pessimisme. En dépit de leurs accords d'assistance, le Royaume-Uni et la France abandonnent la Tchécoslovaquie qui doit sacrifier sa région des Sudètes à l'ogre allemand, avant d'être totalement avalée en mars 1939.

Rien ne va plus. Mandel, qui appelait à renforcer l'alliance franco-russe, est abasourdi par ce pacte germano-soviétique du 23 août 1939 entre Staline et Hitler, que même le diable aurait refusé de signer.

L'inévitable Seconde Guerre mondiale est déclenchée le 1er septembre avec l'invasion de la Pologne par la Wehrmacht. L'offensive à l'ouest commence le 10 mai 1940, emportant avec elle le gouvernement Daladier. Paul Reynaud lui succède et confie à Mandel le ministère-clef de l'Intérieur.

— Te voici à ton tour "premier flic de France", comme disaient de lui les détracteurs du vieux Tigre.

— Oui, et crois-moi, je me suis occupé des défaitistes.

Il boucle les journalistes pro-nazis de *Je suis partout*. Sévit contre certains communistes en pleine confusion idéologique et qui, en vertu de la lutte contre l'impérialisme, se trompent d'ennemi et sabotent les usines d'armement, pendant que leur chef, Maurice Thorez, déserte et file à Moscou.

Les chars panzers déferlent sur la France, poussant devant eux des armées en déroute et des millions de civils aux abois.

Le gouvernement se replie à Tours. Parmi les ministres, le camp favorable à l'armistice ne cesse de s'étoffer. En face, Mandel, courageux et déterminé, n'en démord pas : la France doit continuer la guerre, depuis Alger s'il le faut.

Mais devant l'avancée allemande, les pouvoirs publics cavalent et se replient de Tours à Bordeaux. Reynaud flanche et démissionne. Le 16 juin, le président Albert Lebrun nomme le maréchal Pétain et ses 84 ans à la tête d'un gouvernement qui va demander à l'ennemi les conditions d'un armistice. L'inflexible Mandel en est bien entendu écarté.

C'est pourtant lui qu'Edward Spears, le représentant personnel de Churchill, rencontre. Les Britanniques ont besoin d'un responsable compétent et expérimenté incarnant la France, afin de poursuivre la lutte à leurs côtés. Reynaud, toujours aussi indécis, hésite et finalement refuse. Leur choix se porte donc sur Mandel, à leurs yeux pourvu de toutes ces qualités.

— "L'homme qu'on attendait" à Londres. C'est le point de bascule de ton destin. Mais tu repousses leur demande.

— Qu'aurait-on dit ? Que le "juif Mandel" quittait la patrie pour se réfugier chez les Anglais ? Jamais !

Il a si souvent fait cavalier seul, a essuyé tant d'attaques sur ses origines qu'il décline. La Manche ne sera pas son Rubicond. Pour autant, il est persuadé que l'avenir de la France peut se jouer là-bas. Car, quelques jours auparavant, le 13 juin très précisément, il a eu une conversation avec le sous-secrétaire d'État à la Guerre. Un général de brigade « à titre temporaire », qui s'est illustré lors de l'une des rares contre-offensives françaises. Il s'appelle Charles de Gaulle et Mandel lui enjoint de suivre sa conscience, au service du pays.

— Je me souviens qu'accablé par le sentiment d'abandon qui gagnait le gouvernement, de Gaulle était au bord de la démission. Je lui ai dit ceci : "Vous aurez de grands devoirs à remplir, Général ! Mais avec l'avantage d'être, au milieu de nous tous, un homme intact."

— Georges, il faut que tu saches que, dans ses *Mémoires*, de Gaulle raconte que votre entretien lui a fait grande impression et l'a inspiré. Et que c'est en se rangeant à ton argument qu'il a pu mener son action.

Je sens Georges bouleversé par cet hommage posthume.

Quelques jours après son entretien avec Spears, Mandel est arrêté sous le prétexte fallacieux de « menées contraires à l'ordre public » et conduit devant le Maréchal. Il s'agit d'une minable machination initiée par les amis de la rédaction de *Je suis partout*, désormais bien introduits auprès du nouveau pouvoir. Avant de le faire relâcher, Pétain, contraint et forcé, lui signe une piteuse lettre d'excuse. Mais la rancune de l'indigne Maréchal demeurera coriace à son égard.

Peu importe, l'ex-ministre demeure résolu à l'idée de poursuivre la guerre, mais depuis le sol français des départements d'Algérie. Au milieu du chaos et d'un tintamarre d'infos contradictoires, des parlementaires pensent sincèrement pouvoir laisser Pétain et quelques ministres en métropole et de leur côté installer un pouvoir légal à Alger.

De Gaulle, lui, s'est déjà envolé pour Londres où, le 18 juin, il a lancé au micro de la *BBC* un appel à la résistance certes peu entendu, mais c'est en partie grâce à Mandel que le Général va, depuis ce jour-là, incarner la France combattante.

Le 21 juillet, le paquebot *Massilia*, déjà évoqué, prend la direction de l'Afrique du Nord. À son bord se trouvent « mon » Pierre Mendès-France, l'ancien ministre de l'Éducation nationale, Jean Zay, et quelque vingt-six autres parlementaires. Mandel voyage avec sa fille Claude, sa compagne Béatrice et Baba, son dévoué chauffeur africain qui le suit depuis le ministère des Colonies. Et donc avec l'encombrant buste en bronze de Clemenceau.

— Vous n'étiez pas étonnés qu'on vous laisse appareiller ? Vous n'avez pas soupçonné le traquenard tendu par Laval et Pétain ?

Il soupire, plein de regrets quant à leur naïveté. Aveuglés par leur détermination, ils n'ont en effet rien senti venir.

Car Laval, nouvel homme fort du gouvernement Pétain, voit d'un très bon œil l'éloignement de cette bande de jusqu'au-boutistes, et notamment de Mandel dont il craint l'influence sur le parlement.

La nouvelle de l'armistice, signé le 22 juin, parvient aux passagers en pleine mer. Sans succès, ils tentent de dérouter le bateau vers l'Angleterre. Peine perdue, ils accostent à Rabat le 23, où ils sont considérés comme des fuyards et des déserteurs. Piégés !

Mais arrivé à Casablanca, Mandel joue – enfin – son va-tout. Ministre sortant, il rédige une proclamation. « En accord avec les alliés britanniques et dans cette heure de détresse nationale, j'ai pris le pouvoir. L'armée coloniale et la flotte française poursuivront la guerre à mes côtés, jusqu'à la victoire. »

La déclaration est héroïque, mais l'heure est déjà passée. Le général Noguès, résident général du Maroc et donc représentant officiel de Vichy devenu le gouvernement français officiel, empêche sa diffusion. Mandel, placé sous surveillance, n'est plus libre de ses mouvements. Ainsi ne peut-il rencontrer le ministre de l'Information britannique Duff Cooper, qui tente de monter un gouvernement français de combat en Afrique du Nord.

Deux semaines plus tard, à Vichy, des parlementaires déboussolés (mais pas tous) votent la loi constitutionnelle du 10 juillet 1940 au cours d'une séance bâclée et orientée par un Laval qui tire les fils. Pas question pour lui de laisser rentrer en métropole cet électron libre de Mandel, qui pourrait bien gâcher le sabordage de la République. Seuls quatre-vingt députés et sénateurs s'y refusent. Saluons ici leur courage commun, à défaut de les citer un par un. En revanche, Pétain reçoit des cinq cent soixante-neuf autres – qu'on aimerait aussi citer mais pour d'autres raisons – les pleins pouvoirs, ceux du « Chef de l'État français ».

Mandel reste un danger pour le nouveau pouvoir qui mène des investigations sur son compte. L'enquêteur revient bredouille ? Vichy sort du chapeau d'autres accusations fantaisistes de spéculation, portées par la nouvelle Cour suprême.

De sa résidence surveillée dans l'Atlas, il est transféré en septembre 1940 vers le Puy-de-Dôme où il retrouve Daladier, Reynaud et Blum. Mendès-France et Jean Zay, quant à eux, l'ont précédé d'un mois. Cette réunion d'anciens ne fait pas oublier leurs conditions de détention pénibles et humiliantes. En application du Statut des Juifs, Mandel est déchu de son mandat de député. Pendant que les collabos pillent sa collection d'art et saccagent son appartement parisien, il apprend un jour de novembre 1941 par la radio que le Maréchal, à la rancœur tenace, l'embastille au fort de Portalet, dans les Pyrénées. Pour « présomptions ».

Puis il se voit notifier sa condamnation, par le Conseil de justice politique, à la détention à vie pour ne pas avoir arrêté le désastre de 1940.

Je m'étrangle de cette sournoiserie sans nom.

— Toi qui n'as cessé de mettre en garde contre la menace allemande !

Allemands qui envahissent la zone libre le 11 novembre 1942 et embarquent les prisonniers politiques. Il embrasse sa fille et la rassure. Il ne la reverra jamais.

Transféré dans une prison de la Gestapo proche de Berlin, Mandel est ensuite envoyé à Buchenwald. Il retrouve Blum dans un baraquement pour prisonniers de marque, mais leur santé décline, en dépit de conditions « extrêmement moins » insupportables que celles des autres déportés.

— Vous deviez avoir tant de choses à vous dire.

— Nous avons longuement conversé. J'écrivais aussi beaucoup à Claude, dont je suivais de près les résultats scolaires. Et je consignais mes réflexions dans mon journal.

Il se remémore ce jour où il a appris la mort de Philippe Henriot, exécuté par un commando de Résistants. Secrétaire d'État à l'Information de Vichy et voix de la très collaborationniste *Radio-Paris*, Henriot est aussi un membre zélé de la Milice. Un organe de répression qui joue les supplétifs auprès de l'Occupant.

« Très mauvaise impression causée par la mort d'Henriot », note-t-il.

Pourquoi ce pressentiment ? Eh bien, parce que les Allemands tiennent à ce que l'État français exerce lui-même des représailles sur les prisonniers politiques de premier plan. Les historiens débattent encore pour savoir qui, dans cette affaire, a joué les commanditaires. Mais ce qui est certain c'est qu'à travers ses exactions, la Milice n'a eu de cesse de venger la mort d'Henriot. Notamment en assassinant Jean Zay, le 20 juin. Mandel est donc légitimement inquiet. Et comme par hasard, il est transféré de Buchenwald à la prison de La Santé à Paris le 4 juillet 1944. Trois jours plus tard, le 7 juillet, il est prétendument envoyé à Vichy, encadré par des miliciens à bord d'une traction avant. Une panne fictive arrête la voiture en forêt de Fontainebleau. On attend que le prisonnier fasse quelques pas pour se dégourdir les jambes. Quand Mansuy, le chauffeur, ex-truand et agent vendu aux Allemands, lui tire seize balles dans le dos. Dans la poche de Mandel, on trouvera une lettre datée du 17 juin 1940 : celle contenant les excuses du Maréchal.

Le fidèle Baba périra en déportation à Buchenwald, et sera cité à l'ordre de la Nation. Quant à la petite Claude, après avoir écrit à Pétain, elle s'adresse à Laval. Car celui qui n'a rien fait pour empêcher cet assassinat joue à présent les scandalisés. Pour répondre à cette tartufferie, découvrons la justesse poignante de ces mots :

Je veux aussi vous dire, Monsieur Laval, que je plains beaucoup votre fille. Vous allez lui laisser un nom qui marquera dans l'histoire, mais le mien aussi. Seulement, le mien sera celui d'un martyr tombé assassiné pour avoir eu trop raison.

Claude Georges-Mandel

La jeune fille de 14 ans a vu juste.

Georges a laissé filer son destin ; mais Mandel rencontrera l'Histoire.

Plaisir d'offrir, joie de recevoir

Voilà, mes invités sont partis. Peut-être sont-ils retournés dans leurs limbes ou vers un je-ne-sais-quel-au-delà ; plus certainement sont-ils tranquillement rentrés dans les méandres de ma mémoire, d'où je les avais extraits pour ce dîner imaginaire.

Quoi qu'il en soit, ce coquin d'Oscar avait raison : la passion et l'enthousiasme font bien la différence. Sans la fièvre du langage, les discussions ne sont que bavardages.

Ce soir, mes convives ont envoyé du grand. Plus que des guides ne montrant qu'une seule route possible, ou des phares n'attirant que dans leur unique direction, je préfère les envisager comme des éclaireurs, qui illuminent plusieurs chemins et nous laissent choisir notre voie. Parce qu'avec leurs récits épiques ou pathétiques, de bruits et de fureurs, de joies, de peines, d'échecs comme de victoires, ils nous ont offert des émotions variées et contradictoires. Leurs si puissantes certitudes subitement friables face à l'intensité de leurs doutes, révélant une banale médiocrité tout autant qu'une éclatante humanité. Leurs faiblesses nous touchent, leurs forces nous inspirent. Alors leur histoire, soudainement, devient aussi la nôtre.

Pendant ce dîner, ils m'ont transporté dans leur époque et baladé dans le temps, sans que je le voie ni le sente passer. Je me découvre comme une espèce de vampire, certes bienveillant, mais qui s'est quand même nourri sans vergogne de leur ancienne vitalité en ne leur offrant en retour qu'une bien modeste tambouille. Avide de comprendre et d'apprendre, je n'ai eu de cesse de les questionner, les interpeller, les interrompre, sans leur donner l'opportunité et le loisir d'en faire autant à mon égard. Je voudrais pouvoir m'en excuser, mais en vérité je suis tellement ravi que mon plaisir l'emporte très largement sur mon embarras. Et puis c'est ce qui est pratique avec les décédés, leurs doléances restent à jamais lettre morte.

Alors merci à mes « Visiteurs du soir », dont le cœur bat en moi pour l'éternité, comme l'écrit Jacques Prévert dans le film de Marcel Carné qui m'a inspiré le titre de ce livre.

Et maintenant, la vaisselle !... Oh, même pas ! Décidément, quelle merveilleuse soirée.

Postface

Benjamin Brillaud – *Nota Bene*

L'Histoire, c'est chiant. De ce simple constat que beaucoup de gens font, et que je ne partage pas, découle un enjeu impératif et sans aucun doute salutaire pour notre société : connaître l'Histoire. C'est-à-dire, selon moi, se donner une arme intellectuelle fort nécessaire pour se défendre dans un monde aussi riche que le nôtre.

Si autrefois il fallait des jours, voire des semaines, pour que la mort du roi soit connue dans tout le royaume, l'information va désormais à cent à l'heure, les *fake news* encore plus vite ! Les échanges sont violents sur les plateaux de télé, les polémiques partent au quart de tour sur internet, les titres aguicheurs sautent aux yeux des passants qui s'approchent un peu trop près des kiosques à journaux. Or, se pencher sur l'Histoire, c'est donner du temps au temps.

Les historiens consacrent de longues années à des sujets pointus, parfois très anciens. Ils consultent des documents et analysent des données qui s'inscrivent dans des contextes historiques particuliers, que l'on peut aujourd'hui un peu mieux cerner, à la lumière de leurs travaux. Bien sûr, les passions et des discussions ne disparaissent pas pour autant. Cela serait trop beau et occulterait un aspect fondamental des sciences sociales, à savoir le débat et la remise en cause de nos certitudes. Ces professionnels de l'Histoire veillent en grande majorité au sérieux de leur démarche intellectuelle, pour rendre compte le plus rigoureusement possible de leurs observations, à la faveur des sources dont ils disposent. Reste que le chemin pour comprendre les faits passés est semé d'embûches et que certains historiens planchent sur les mêmes sujets sans arriver aux mêmes conclusions. Il n'y a qu'à évoquer le rôle de Robespierre dans la Révolution française ou à regarder de près les querelles autour de la guerre d'Algérie pour constater que certaines questions restent brûlantes par leur dimension politique.

À cela on peut ajouter qu'il n'existe pas de réelle continuité historique que nous puissions reconstituer, tout simplement parce que certaines pratiques et autres événements, périodes, personnages, ou tout ce que vous voulez, ne sont pas documentés. Un de mes bons amis aime à dire que l'Histoire est faite de trous. Recouper les sources, pour tenter de comprendre de quoi sont faits ces trous, induit souvent une interprétation que l'historien avance avec prudence. Autant de facteurs qui font de l'Histoire une discipline complexe, qui nécessite de la retenue et beaucoup d'humilité.

Dans ce contexte particulièrement sensible, comment transmettre alors les travaux des chercheurs au plus grand nombre ? La question se pose encore sur la meilleure façon de procéder. Certains poussent le public à la rêverie en mettant en avant une certaine idée de la France, ne traitant que des rois et reines, quitte à snober une bonne partie de l'Histoire qui peut être scientifique, politique, sociale, économique, industrielle, etc. D'autres cherchent à le transformer en enquêteur, l'amenant sur des pentes plus obscures, des « secrets cachés », des versions alternatives qui répondraient à des interrogations jusqu'alors laissées sans réponse. Quelques émissions tentent de faire appel à des experts pour élaborer des sujets de fond, alors que d'autres privilégient carrément de donner la parole aux principaux intéressés pour tenter de valoriser leur travail, quitte à ce que le propos soit moins accessible. Je ne prétends pas détenir la bonne formule, la vulgarisation n'est pas chose aisée et suscite des questions au moins aussi importantes et intéressantes que l'étude de l'Histoire en elle-même. Je ne jugerai pas non plus la qualité globale des émissions, des livres, des podcasts et autres supports qui parlent d'Histoire. Qui suis-je pour le faire ? Constatons seulement qu'on y trouve le meilleur et le pire, comme dans bien d'autres domaines. Et pour ceux qui veulent chercher la petite bête, il existe de très bons livres !

Ce que l'on peut saluer en revanche, ce sont les initiatives de médiation qui naissent un peu partout. Si on nous répète sans cesse que l'ère des fausses informations est installée, je dirais qu'il y a aussi de plus en plus de propositions de la part d'amateurs, passionnés et spécialistes. Ils apportent de la nuance à cette Histoire, de la contradiction même quand c'est nécessaire. De nombreux auteurs et créateurs entament ainsi une démarche qui se veut, si ce n'est infaillible, au moins de bonne foi.

On tente de respecter une certaine méthodologie : d'un côté, en assumant le spectacle avec humour quand on veut procurer un peu de frisson, de l'autre, en tempérant à grands renforts de sources et d'experts. C'est une démarche assez saine et j'ai bon espoir qu'elle se généralise à tous les médias. Peut-être est-ce un péché d'optimisme, mais je préfère voir le verre à moitié plein !

Aussi quand Bruno m'a téléphoné pour me parler de son projet, alors que je ne connaissais pas encore son travail de médiation, j'avais hâte de connaître l'angle qu'il avait choisi. Et quelle surprise, agréable, de constater une forme originale au service d'un fond prudent et intelligent. Plus qu'un voyage à travers l'Histoire, ce livre vous aura donné accès à l'historiographie. Sans se prendre au sérieux mais pas sans sérieux dans son travail, il raconte l'histoire de l'Histoire, avec tous ses travers, ses courants, ses interprétations également. Une délicieuse idée que de prendre le prétexte de ces figures historiques, pour en apprendre un peu plus sur leur vie et donc sur leur époque, mais aussi pour cerner plus concrètement le regard que nous autres, contemporains, posons sur ces personnalités et sur notre héritage. Avec passion, Bruno amène le lecteur à réfléchir sur la manière dont peut se raconter l'Histoire. Une narration divertissante, qui nous fera pouffer dans notre fauteuil. Évidemment, on peut ne pas être d'accord et s'interroger à l'instar du narrateur. Il ne se prive pas de nous le faire savoir et c'est bien ce qui nourrit sa curiosité !

Pour aller plus loin

Clovis
Bruno Dumézil, *Le Baptême de Clovis*, Collection Les Journées qui ont fait la France, Gallimard, 2019.

Saint Éloi
Jacques Duquesne, *Saint Éloi*, Fayard, 1985.

Alcuin
Philippe Depreux et Bruno Judic (dir.), *Alcuin, de York à Tours. Écriture, pouvoir et réseaux dans l'Europe du Haut Moyen Âge*, Presses universitaires de Rennes, 2004 (Annales de Bretagne et des Pays de l'Ouest, 111/3).

Aliénor d'Aquitaine
Jean Flori, *Aliénor d'Aquitaine. La reine insoumise*, Payot, 2004.

Christine de Pizan
Régine Pernoud, *Christine de Pisan*, Calmann-Lévy, 1982.

Michel de L'Hospital
Denis Crouzet, *La Sagesse et le malheur : Michel de L'Hospital, chancelier de France*, collection Époques, Champ Vallon, 1998.

Théophraste Renaudot
Pierre Roudy, *Théophraste Renaudot : journaliste & médecin du peuple*, Éditions Le Bord de l'eau, 2006.

René-Robert Cavelier de La Salle
Pierre Leprohon, *Cavelier de La Salle. Fondateur de la Louisiane*, André Bonne, 1984.

Chevalier d'Éon
Évelyne et Maurice Lever, *Le Chevalier d'Éon. « Une vie sans queue ni tête »*, Fayard, 2009.

Louise Michel
Xavière Gauthier, *La Vierge rouge. Biographie de Louise Michel*, Les Éditions de Paris – Max Chaleil, 2013 (1998).

Georges Mandel
Bertrand Favreau, *Georges Mandel ou la passion de la République, 1885-1944*, Fayard, 1996.

Table

Remerciements

Arnaud Le Guern, qui a initié cette aventure.
Julie Daniel, pour ses soutiens et sa lumière.
Pierre Lévêque, pour son soutien et ses lumières.
Joëlle Chevé, pour son œil aussi aiguisé
que ses commentaires sont avisés.
Garance Bonfanti-Vincent, mon autre moi-même.
Vanessa Ponthet, qui m'a donné l'occasion
de dire l'histoire.
Ma maman qui me la lisait.
Mon papa qui me la faisait vivre.
Ma sœur avec qui je la partage.
M. Aidan qui fut mon seul vrai professeur d'histoire,
il y a si longtemps.

Je remercie aussi Jean-Baptiste M., Simon B., Grégoire B. et Xavier B. pour leur contribution à la préparation de mon plan de table, lors de ces longues causeries sous les saules qu'inspirait le ballet gracieux des écureuils.

IMPRIM'VERT®

Achevé d'imprimer sur Roto-Page
par l'Imprimerie Floch à Mayenne
en décembre 2021
N° d'impression : 99617
Dépôt légal : octobre 2021

Imprimé en France